W0282367

Le livre secret de l'apprenti Sorcier

Bricolages • Recettes • Légendes

FLEURUS

Titre original en langue anglaise :
The Book of Wizard Craft : In Which the Apprentice Finds Spells, Potions, Fantastic Tales, and 50 Enchanting Things to Make
Auteurs : Janice Eaton Kilby, Deborah Morgenthal, Terry Taylor
Illustrations : Lindy Burnett
Schémas : Orrin Lundgren

Traduction française :
Philippe-Étienne Raviart
Adaptation graphique : Alinéa
Couverture : Armelle Riva

© Lark Books, Sterling Publishing Co., Inc., 2001
© Groupe Fleurus, septembre 2004
pour les éditions en langue française
Imprimé en Espagne parMateu cromo
Dépôt légal : septembre 2004
ISBN : 2-215-07563-5
N° d'édition : 93605
Loi n° 49-956 du 16 juillet 1949
sur les publications destinées à la jeunessse.

EDITIONS FLEURUS
© GROUPE FLEURUS, 2004
15/27, rue Moussorgski
75895 Paris Cedex 18

Comment bricoler quand on est apprenti sorcier

Réunissez les matériaux,
Préparez les outils qu'il faut,
Ciseaux, pinceau ou crayon gris,
S'il en manque un c'est mal parti !

De vieux journaux, une toile cirée,
Sont parfaits pour ne rien tacher.
Un sorcier quand il est soigneux,
Veille à la propreté des lieux.

Pour bricoler sans vous blesser,
(car pourquoi finir éclopé ?)
Faites appel à un vieux sorcier
Dès que cela est conseillé.

Remerciements

L'auteur tient à remercier tous ceux qui, à travers les siècles, l'ont aidé à réaliser cet ouvrage. Merci aux créatures de la nuit, chouettes et chauves-souris, qui ont transmis les corrections à l'éditeur, merci aux vents qui ont soufflé leurs encouragements les jours où l'auteur manquait d'inspiration, merci à l'elfe qui a classé les parchemins épars et merci aux lutins qui ont rapporté des bois des crayons de couleur magiques pour décorer cet ouvrage...

Merci, merci à tous et
à bien d'autres encore !

SOMMAIRE

Les pages d'activités apparaissent en noir ; les autre pages apparaissent en bleu.

Chapitre 5
Les arts du livre

Chapitre 6
L'art de l'astronomie

Chapitre 7
L'art de l'alchimie

Chapitre 8
L'art de recevoir

HISTOIRE D'UN VIEUX MANUSCRIT, et précautions d'usage

Figure-toi qu'un beau jour, un magicien nous a téléphoné pour nous demander de publier un livre sur lequel il travaillait depuis… six cents ans ! Tout au long de son existence, il avait pris des notes dans un gros cahier avec l'intention de les léguer à un apprenti magicien. Nous étions très fiers, mais aussi un peu inquiets. Il n'est pas facile de collaborer avec un vieux magicien, nous nous en sommes vite aperçus. Il arrivait parfois au magicien de disparaître brusquement au beau milieu d'une phrase. D'autres fois, il se transformait en griffon ou en chêne. Tu t'imagines bien qu'il nous a fallu quelque temps pour nous habituer à ses manières. Quant au déchiffrage de ses notes, quelle épreuve ! Certaines pages étaient difficiles à lire à cause des traces laissées par les souris, d'autres étaient barbouillées de matières gluantes et visqueuses, résultat d'expériences alchimiques ratées. Et ne parlons pas des centaines de toiles d'araignée qui recouvraient ses cornues et ses éprouvettes, ni des cafards ou des scarabées, ni des énormes rats qui gambadaient un peu partout. Mais nous avons persévéré. Ce livre contient donc les recettes personnelles de notre magicien et il explique comment fabriquer plus de cinquante potions et objets parmi les plus utiles, notamment un chapeau de magicien, une boule de cristal, une baguette magique, un tapis volant, un balai de sorcière ultra-rapide, de la racine de mandragore, du sang de dragon, etc.
Notre ami avait connu à peu près toutes les personnes qui comptent dans le monde de la magie. Il avait quantité d'histoires à raconter et nous lui avons demandé de les mettre elles aussi par écrit. Elles t'attendent dans ce livre que le magicien va te présenter lui-même.
Avant de lui laisser la parole, voici quelques conseils. • Protège toujours la table sur laquelle tu bricole. • Pas question d'avaler aucune potion ou aucun des ingrédients utilisés, sauf si le magicien t'y invite. • Manie toujours les outils pointus ou tranchants en présence d'un adulte et demande-lui son aide dès qu'il le faut. • Ne fais rien cuire toi-même. • Quand tu rencontres l'araignée qui pend en haut de cette page, TU DOIS ABSOLUMENT demander l'aide d'un adulte, nous le disons sérieusement. Le magicien, lui, est prêt à te changer en crapaud si tu fais des bêtises.

Tu voudras peut-être connaître le nom de ce mystérieux magicien…
Mais c'est un secret !
La seule chose que nous pouvons te dire, c'est qu'il a dirigé autrefois une célèbre école de sorciers. La plus fameuse de toutes… Nous avons promis à ce magicien de ne jamais révéler ni son nom ni son adresse. Jamais. Et dans le monde des magiciens on tient toujours ses promesses.

AVANT-PROPOS du magicien

Au bout de 600 ans, le moment est venu pour moi de partager mon savoir de magicien. Mes amis et collègues sont partis bien avant moi et je me fais vieux. On connaît les noms de Merlin, de Flamel, d'Agrippa, moi j'ai préféré rester dans l'ombre pour approfondir mon art et mettre mes pouvoirs au service de l'humanité. Aujourd'hui j'aspire au repos.
Dans ma jeunesse, quand je commençais à apprendre la magie, le monde était bien sombre, gouverné par l'ignorance et la force brutale. Nous n'étions que quelques uns à maintenir vivante la flamme du savoir et de l'espoir. Nos écoles étaient clandestines, car il y avait trop de gens habités par la peur, l'ignorance et l'intolérance qui voulaient envoyer au bûcher les hommes et les femmes que leurs dons et leurs capacités rendaient trop différents d'eux-mêmes. Pendant 600 ans, j'ai consigné des observations, des recettes, des découvertes, des histoires extraordinaires dans un grand cahier secret. Je voulais le léguer à qui le mériterait.
Eh bien, jeunes magiciens et magiciennes, êtes-vous prêts à recevoir en héritage tout mon savoir, à apprendre comment devenir ce que je suis ? Avez-vous les épaules assez solides pour porter la robe du magicien et le bras assez souple pour manier la baguette magique ? Si vous êtes prêts, ce livre vous expliquera comment fabriquer facilement toutes ces choses et comment les utiliser, car un bon magicien est expert en bien des arts.
Vous ne saurez jamais mon nom. C'est mieux ainsi. Mais la prochaine fois qu'il vous arrivera quelque chose de drôle, d'inexplicable, de magique, pensez à moi…

LE PLUS BEAU JOUR DE MA VIE
A ÉTÉ CELUI OÙ J'AI ENFILÉ
MA PREMIÈRE ROBE DE MAGICIEN

Chapitre 1

L'ÉQUIPEMENT DU MAGICIEN

On dit que l'habit fait le moine. C'est tout aussi vrai pour le magicien. Dans ce chapitre, tu apprendras comment faire quelques uns des chapeaux, des chaussures, des robes que je préfère, plus quelques éléments de parure, et une baguette magique, et un balai de sorcière ultra-rapide en cas d'urgence. Pour ranger toutes tes affaires, je te propose aussi un coffre. J'en ai utilisé un certain nombre dans mes voyages autour du monde, tout au long des siècles. Le dernier, je l'ai lancé à une pieuvre géante qui essayait d'entraîner notre vaisseau au fond de l'Océan Pacifique. Le temps que le monstre ait choisi quel tentacule utiliser pour saisir mon coffre, nous avions eu le temps de nous sauver!

Chapeau de sorcière

Rien de plus simple que de fabriquer ce couvre-chef. Il se coud quasiment tout seul. Toutes les couleurs sont possibles. Je dois admettre cependant que ma tante Cécilia, une femme d'un goût très sûr, n'admettait que le rouge pour ce genre de chapeau.

MATÉRIEL

- 50 cm de tissu ou de feutre.
- 50 cm de doublure thermo-collante (la plus rigide).
- 70 cm de ruban laitoné.
- Un mètre souple de couturière.
- Un crayon.
- Une calculette (en cas de besoin).
- Une feuille de papier journal.
- Une règle.
- Des épingles.
- De la colle à tissu.
- Du fil et une aiguille. *
- Un fer à repasser.

CHOISIS, SI TU VEUX, LA COULEUR DE TON SIGNE ASTROLOGIQUE. (VOIR PP. 105-107.) MOI QUI SUIS POISSON, J'AI CHOISI LE VIOLET.

*PAS BESOIN DE COUDRE CE CHAPEAU SI TU LE FAIS EN FEUTRE OU EN PAPIER. DE LA COLLE OU DU TISSU THERMO-COLLANT SUFFIRA.

POUR LA DÉCORATION :

- **Des chutes de tissu.**
- **Un bout de ruban ou de galon.**
- **Des peintures acryliques métallisées.**
- **Un pinceau.**
- **Des tampons de caoutchouc.**
- **Du ruban laitoné.**

MARCHE À SUIVRE

1. Avec le mètre, mesure ton tour de tête juste au-dessus des oreilles. Multiplie le chiffre obtenu par 2 et divise le résultat par 3,14 : tu obtiens la longueur A.

2. Dessine deux traits de cette longueur A sur les deux côtés à angle droit de la feuille de papier journal et joins leurs extrémités par un arc de cercle (Fig. 1).

3. Découpe avec les ciseaux le quart de cercle que tu viens de dessiner.

4. Place ce patron sur le tissu. Fixe-le avec des épingles. Découpe le tissu, en ajoutant une marge d'1,5 cm sur un des bords droits (pour la couture).

5. Si tu veux décorer ton chapeau, fais-le avant de le coudre. Travaille sur une surface plane. Motifs décoratifs possibles : étoiles, croissants de lune, symboles astrologiques ou alchimiques. Tu peux les peindre à main levée ou en te servant des modèles de la p. 141. De la peinture acrylique métallisée utilisée avec des tampons en caoutchouc donne de bons effets. Tu peux aussi découper et coller sur ton chapeau des bouts de tissu or ou argent (Fig. 2).

6. Place le tissu ainsi décoré sur la doublure thermo-collante. Découpe celle-ci aux dimensions du tissu et colle-la avec le fer en suivant soigneusement le mode d'emploi.

7. Replie le tissu pour former un chapeau pointu, en recouvrant la marge d'1,5 cm. Couds ou colle ensemble les deux côtés.

8. Pour un aspect plus fini, tu peux coudre ou coller un joli ruban ou du galon sur le bord du chapeau. Et pour faire plus habillé encore, tu peux utiliser un ruban laitoné resserré et fixé sur le bord du chapeau tous les 7 cm environ (Fig. 3).

Chouettes, qui êtes-vous-hou-hou ?

Quand on se représente une chouette, à quoi pense-t-on d'abord? À ses grands yeux, sans doute. Certains trouvent qu'ils donnent à la chouette un air sage et gentil, d'autres un air inquiétant. Mais sais-tu que si nos yeux étaient aussi gros par rapport à notre corps que ceux du grand duc par rapport au sien, ils auraient la taille d'un pamplemousse et pèseraient plus de 2 kg chacun? Ça, oui, c'est effrayant.

Mon ami Merlin se déplaçait rarement sans sa chouette Archimède, et on comprend pourquoi quand on sait que les chouettes sont capables de voir dans l'obscurité, d'entendre même des bruits très faibles et d'emporter bien des choses dans leurs serres.

Les chouettes sont parfaitement adaptées à la chasse de nuit ou au crépuscule. Les Grecs croyaient même qu'il y avait au fond de leurs yeux une lueur magique leur permettant de voir la nuit. En fait, leurs yeux sont quatre fois plus sensibles que les nôtres. Leur champ de vision est très large, mais leurs yeux sont fixes dans leur orbite. Pour regarder à droite et à gauche, elles doivent tourner toute la tête, mais leur cou est si souple que cette tête peut pivoter de 270° et dans tous les sens. Elles ont deux conduits d'oreille très grands, l'un placé plus haut que l'autre, ce qui leur permet de situer avec précision la distance et l'origine des bruits les plus faibles.

On ne les entend pas voler, car leurs plumes ont une découpe spéciale qui élimine le bruit du frottement de l'air. Leurs pattes ont de grandes serres très pointues, l'une opposable aux autres et fonctionnant comme notre pouce. Leur bec ne paraît pas très grand, mais c'est qu'il est en partie recouvert de plumes. Et quand elles l'ouvrent tout grand, elles peuvent avaler d'un coup de petits mammifères.

La plus grande des chouettes est la *Bubo bubo*, le grand duc eurasien, qui mesure jusqu'à 70 cm et pèse près de 4 kg. Elle a de grands yeux orange et a deux huppes sur la tête qui ressemblent à des cornes. Elle perche sur les surplombs rocheux et dans les arbres creux. On en a vu qui emportaient dans leurs serres des renards adultes, et l'on sait qu'elles s'attaquent à des animaux de la taille d'une petite biche.

À l'autre extrême, il y a la chouette elfe (*Micrathéné whitneyi*), la plus petite de toutes, qui mesure à peine 30 cm et pèse moins de 50 g. Elle a une tête ronde, des yeux jaunes et des sourcils blancs, elle vit dans le désert et pousse de petits cris aigus et grinçants.

Entre les deux, du point de vue de la taille, on trouve l'effraie, tête ronde, face blanche en forme de cœur, plumage tacheté couleur rouille. Elle se trouve à peu près partout dans le monde, mesure de 38 à 45 cm de long et pèse jusqu'à 1/2 kg. Elle vit dans les zones rurales, nichant dans les cavités des murs ou dans le creux des arbres. Son cri, le hululement, est rauque et perçant. Si, dans ton château, tu as des problèmes avec les rats et les souris, elle peut t'aider: une famille d'effraies engloutit jusqu'à 1200 rats par mois!

Les croyances liées aux chouettes montrent à la fois la crainte et l'admiration qu'elles inspirent. Les Grecs les croyaient capables de prédire l'avenir, et la chevêche (*Athéné noctua*) était le symbole de la déesse de la sagesse, Athéna. En Grèce, un vol de chouette avant une bataille était un présage de victoire. Mais à Rome, son hululement présageait la mort prochaine d'un malade. Des chouettes ont annoncé la mort de Jules César et celle du grand magicien Agrippa.

Turban

Du fil et une aiguille,
Un bijou qui scintille,
Une plume de chouette,
Ou peut-être de mouette,
Une de perroquet,
Et le turban est prêt.

MATÉRIEL

- **Un mètre souple de couturière.**
- **Un crayon et du papier.**
- **Une règle.**
- **50 cm de tissu.**
- **Des épingles.**
- **Des ciseaux.**
- **Un fer à repasser.**
- **De l'ourlet thermo-collant ou de la colle à tissu.**
- **Une aiguille et du fil.**
- **Une épingle fantaisie.**
- **Une grande plume (ou plusieurs).**
- **Un petit disque de carton recouvert de papier d'aluminium (facultatif).**
- **Des marqueurs (facultatif).**

MARCHE À SUIVRE

1. Demande à un ami de mesurer ton tour de tête juste au-dessus des oreilles avec le mètre souple. Note le chiffre et ajoutes-y 3,8 cm.

2. Reporte la dimension ainsi obtenue sur l'un des bords du journal qui servira de patron et coupe le journal à cette dimension.

3. Plie la feuille de journal en deux ou fais un calcul pour trouver son milieu (Fig. 1). Note celui-ci au bas de la feuille. Avec la règle ou le mètre, dessine un demi-cercle, d'un coup

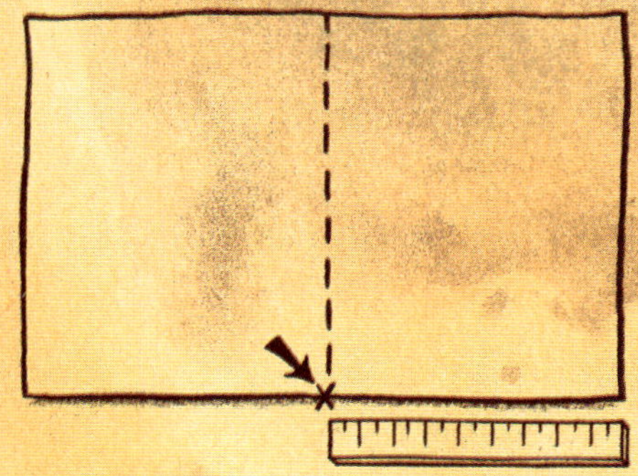
FIGURE 1

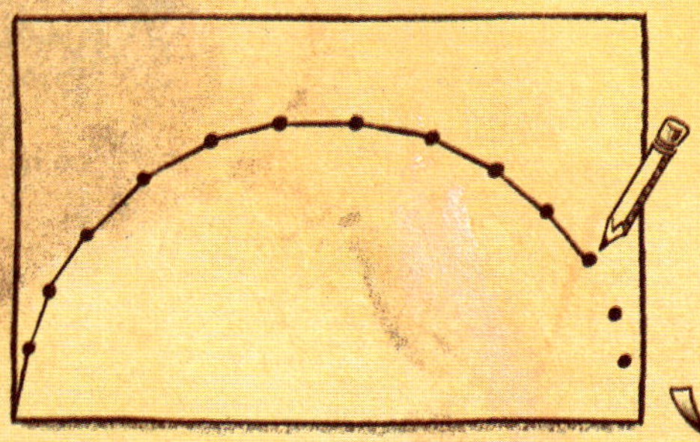
FIGURE 2

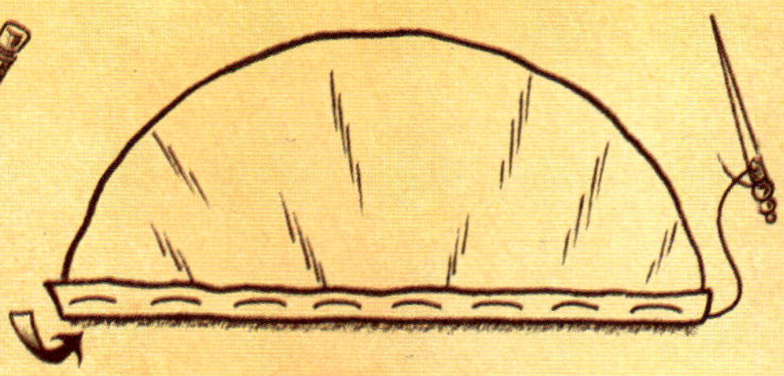
FIGURE 3

ou en joignant un certain nombre de points (Fig. 2). Découpe le demi-cercle. Voilà le patron de ton turban.

4. Place le tissu à l'envers sur une table, en le lissant pour éviter les plis. Pose le patron par-dessus, fixe-le avec des épingles. Découpe le tissu en suivant le patron. Retire le patron et les épingles.

5. Replie le bord droit du tissu sur toute sa longueur, pour faire un ourlet d'1,5 cm, avec du fil et une aiguille, de la colle ou de l'ourlet thermo-collant (Fig. 3).

6. Plie le demi-cercle de tissu en deux, les bords droits l'un sur l'autre, ourlet à l'extérieur (Fig. 4). Épingle-les ensemble à quelques endroits (Fig. 5). Couds ensemble les deux bords arrondis, en faisant des points d'environ 1,5 cm et à 0,5 cm du bord, en commençant par l'endroit où les bords ourlés se rejoignent.

7. Resserre progressivement le tissu pour le faire plisser, en tenant bien l'aiguille (Fig. 5). Attention que le fil ne casse pas ! Quand le tissu est suffisamment plissé, fais quelques points pour bloquer le fil, coupe-le et retourne le turban pour que l'on voie l'endroit, bien sûr.

8. Fixe l'épingle sur le devant du ruban, là où tu as commencé la couture, et glisses-y une ou plusieurs plumes. À défaut de bijou, tu peux découper un petit disque de carton, le recouvrir de papier d'aluminium, le décorer au marqueur et le coudre sur le turban comme un bouton.

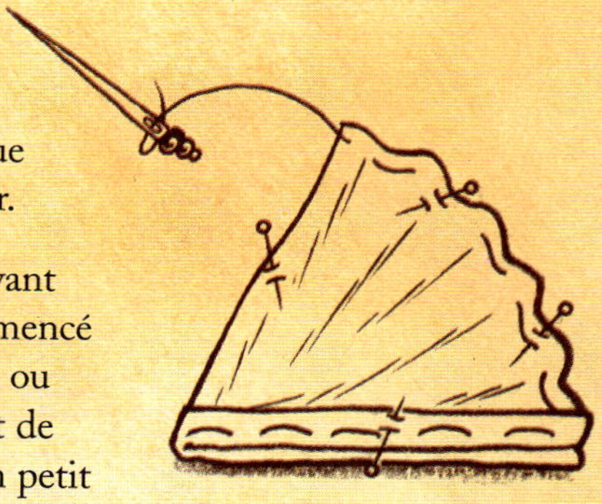
FIGURE 5

FIGURE 4

Robe de magicien

C'est **LE** vêtement essentiel si on veut pratiquer sérieusement la magie. Cette robe est très facile à réaliser, même si on n'a jamais fait de couture et puis, voilà une bonne occasion de mettre en pratique quelques notions d'arithmétique indispensables à qui veut réussir une carrière de magicien ou de sorcière. Réfléchis avant de choisir sa couleur. Il y a des couleurs, le bleu foncé par exemple, symbole d'impulsivité ou d'inconstance, qui risquent de faire échouer certains sortilèges, si l'on est un peu distrait. À l'inverse, le bleu clair représente la patience et le calme. La couleur pourpre, qui symbolise l'ambition et la puissance, est une de mes préférées, mais j'admets qu'elle est très voyante.

MATÉRIEL

- Un mètre souple de couturière.
- Du tissu (pour le métrage, voir étape 1).
- Un crayon, une craie, ou un marqueur pour tissu.
- Des épingles.
- Des ciseaux.
- Une aiguille et du fil.
- De l'ourlet thermo-collant ou de la colle à tissu (facultatif).
- Un biais.
- 1,50 m de cordelière.
- Des photocopies de symboles astrologiques (p. 141).
- Du papier calque.
- Un marqueur soluble à l'eau (facultatif).
- Du papier carbone de couturière (facultatif).
- Un grand morceau de carton.
- Des peintures pour tissu.
- Un pinceau.
- De la toile forte thermo-collante.
- Un fer à repasser.
- Du galon ou un ruban imprimé.

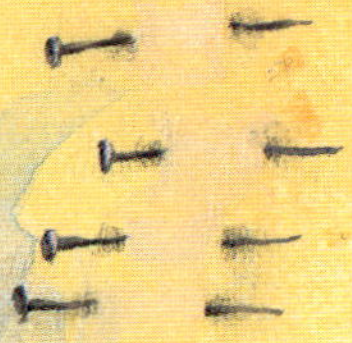

MARCHE À SUIVRE

Confection de la robe

1. Demande à une sorcière de ta connaissance de prendre tes mesures pour savoir de combien de tissu tu as besoin et note toutes les mesures au fur et à mesure.
Tiens-toi droit, les bras le long du corps, pour la 1re mesure : des épaules jusqu'au sol. Ajoute 2,5 cm pour l'ourlet. Multiplie par 2 pour déterminer la longueur de tissu nécessaire.
Étends les bras à l'horizontale pour la 2e mesure : d'un poignet à l'autre. Ajoute 5 cm pour les ourlets des manches. Et voilà trouvée la largeur de tissu nécessaire.
3e mesure : le tour du cou, en comptant large.
4e mesure : le bras, de l'aisselle au poignet, en retranchant 5 cm.

FIGURE 1

2. Pose le tissu coupé aux bonnes dimensions, à l'endroit, sur une grande table ou sur le sol. Plie-le en deux pour réduire sa longueur de moitié. Assure-toi qu'il ne fait pas de plis et pique quelques épingles sur les bords, pour qu'il reste dans la bonne position. Il forme à peu près un carré.

3. Replie-le ensuite dans l'autre sens, le pli à gauche, le bord libre à droite, pour obtenir un rectangle (Fig. 1). Fixe les côtés libres entre eux avec quelques épingles.

4. La longueur de tes manches est déterminée par celle de tes bras, mais leur largeur dépend de ton goût ; de 30 à 40 cm me paraît être une bonne dimension. Reporte celle que tu auras choisie sur le bord extérieur droit du tissu à partir du haut et marque-la à la craie ou au crayon. À partir de ce point sur le bord, trace une ligne horizontale de la longueur de ton bras, la 4e mesure (Fig. 2).

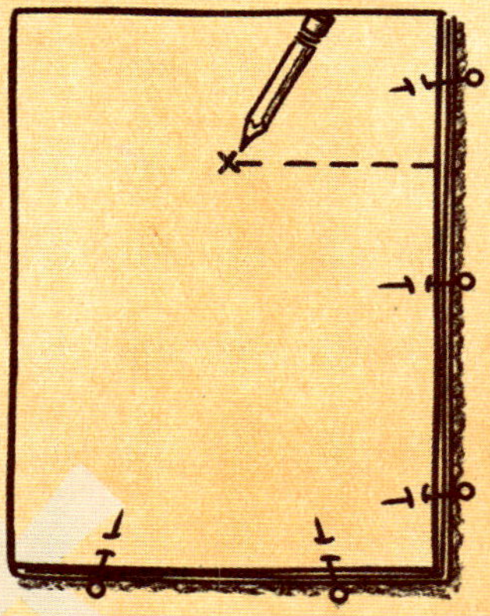

FIGURE 2

5. Trace un trait diagonal de l'extrémité de cette ligne au coin inférieur droit du tissu (Fig. 3).

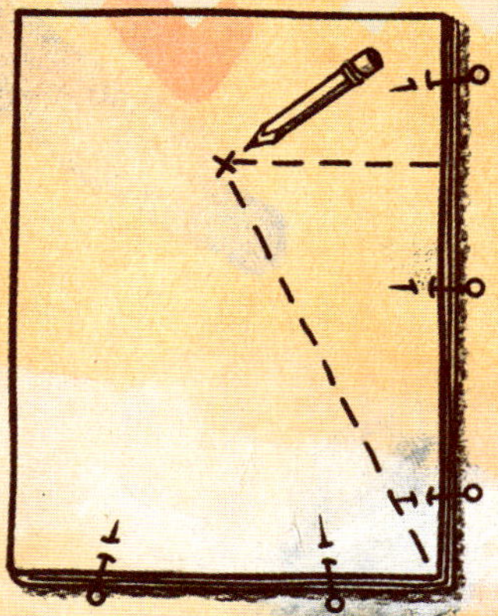

FIGURE 3

6. L'encolure, maintenant : divise par 6 le chiffre obtenu pour ton tour de cou (3e mesure). Reporte la dimension obtenue sur les deux côtés du coin supérieur gauche, là où le tissu est plié en quatre. Joins les deux points par un arc de cercle (Fig. 4).

7. Découpe ensemble les quatre épaisseurs de tissu, en suivant les lignes que tu as tracées pour les manches et l'encolure (Fig. 5).

8. Retire les épingles et déplie la robe qui doit avoir l'air à peu près d'un T et d'un A superposés (Fig. 6).

9. Couds les manches et les côtés, la couture étant à 1,5 cm du bord. Retourne la robe à l'endroit.

FIGURE 4

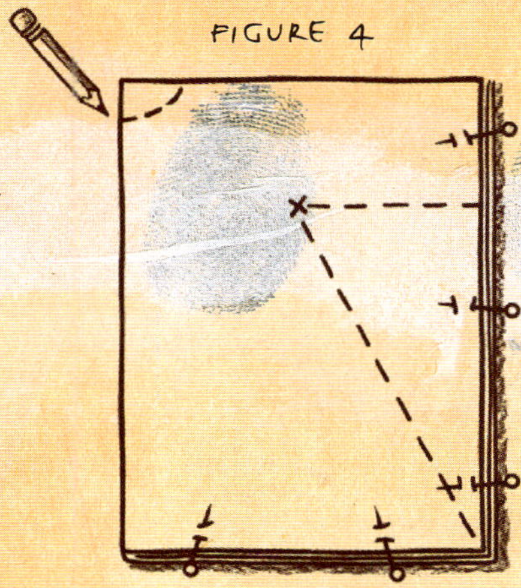

10. Fais les ourlets des manches et du bas de la robe, en les cousant, ou en les collant, ou avec de l'ourlet thermo-collant.

11. Au milieu de l'encolure, découpe le tissu sur 10 cm environ (Fig. 6).

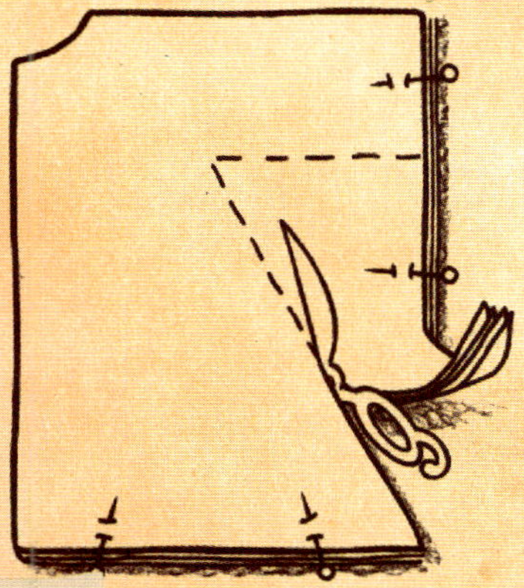

FIGURE 5

12. Pour les finitions de l'encolure, utilise un biais.

13. Utilise la cordelière comme ceinture.

FIGURE 6

Décoration de la robe

1. Tu peux choisir n'importe quelle décoration. Je te propose les symboles alchimiques (p. 141). Pour reporter le dessin sur le tissu, il y a deux méthodes. La plus simple est le décalque. Dessine les symboles sur un papier calque. Scotche le papier sur une vitre et, par transparence, dessine leurs contours avec un crayon bien pointu ou une encre soluble à l'eau. Deuxième méthode, avec du papier carbone pour couturière. Il en existe de différentes couleurs. Choisis-en une qui ressortira bien sur le tissu. Place le tissu sur une surface propre et plane. Pose le papier carbone par-dessus (la face colorée contre le tissu), et par-dessus encore, le motif que tu veux reproduire. Un motif que tu auras décalqué, dessiné ou photocopié. Après quoi, en appuyant fort avec un crayon-bille, dessine les contours du motif.

2. Pour colorier les motifs dessinés, utilise la peinture pour tissu et, pour éviter qu'elle ne traverse, place un morceau de carton fort sous le tissu. Pour fixer la peinture avec un fer, suis le mode d'emploi et fais-toi aider par une grande personne – même si elle n'est pas magicienne.

3. Agrandis à la photocopieuse les motifs choisis, signes astrologiques ou autres. Utilise-les pour découper des morceaux de tissu, de couleur et de texture différentes de celles de la robe, et fixe ces nouveaux motifs sur la robe avec de la toile thermo-collante.

4. Autre décoration possible, des garnitures, cousues ou collées sur le bord des manches, à l'encolure et au bas de la robe : galons, cordelières, rubans.

Sablier en pendentif

On devrait trouver ce pendentif au cou de tous les magiciens. Il est extrêmement utile pour minuter la durée de cuisson des décoctions et potions magiques.

MATÉRIEL

- Un sablier de cuisine.
- 1,20 m de cordonnet ou de grosse ficelle.
- Des ciseaux.

MARCHE À SUIVRE

1. Coupe le cordonnet en 2 moitiés égales.

2. Noue chacune d'elles à l'un des deux montants verticaux du sablier.

3. Choisis la hauteur à laquelle tu veux que descende ton pendentif. Noue les bouts des deux cordonnets ensemble à la longueur choisie. Coupe ce qui reste de cordonnet.

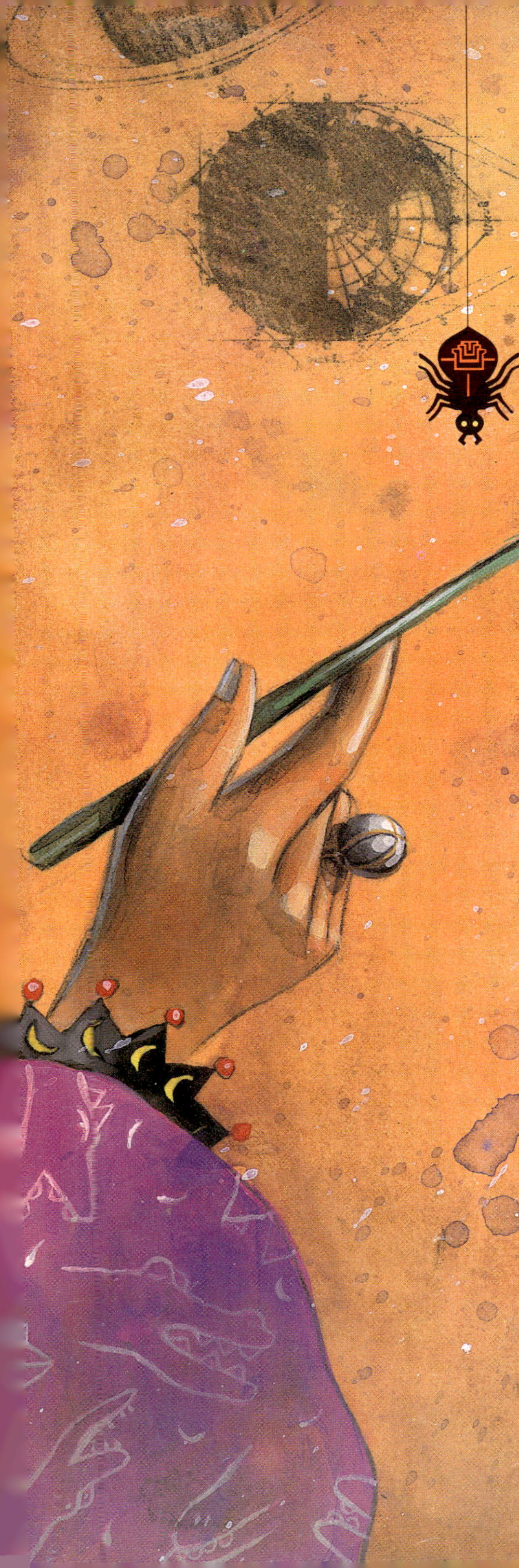

Baguette magique avec fibres de dragon

Le cuivre et le laiton produisent le même son que la fibre de dragon. Un son délicieux et si discret que seules les fées l'entendront quand tu jetteras des sorts avec cette baguette magique.

MATÉRIEL

- Une bobine de fil de cuivre ou de laiton fin.
- Une règle.
- Des ciseaux.
- Un crayon.
- Une boule de mousse de polystyrène.
- De la poudre de paillettes, or ou argent.
- De la colle blanche.
- Une assiette jetable ou une barquette en polystyrène.
- Une petite branche droite ou une baguette en bois d'environ 45 cm de long et 1,5 cm de diamètre.
- De la peinture acrylique (or ou argent).
- Un pinceau usagé.
- De la colle forte liquide.

MARCHE À SUIVRE

1. Déroule la bobine de fil de cuivre et coupe 8 longueurs de 45 cm chacune.

2. Enroule un premier fil bien serré autour du crayon en laissant environ 5 cm non enroulés. (Fig.1) Retire le fil du crayon et recommence l'opération avec les 7 autres.

3. Enfonce doucement l'extrémité de la branche ou de la baguette dans la boule de polystyrène, pour faire un trou de 2,5 cm de profondeur.

4. Verse de la poudre de paillettes dans l'assiette, enduis la boule de colle blanche avec un pinceau usagé, puis roule-la dans la poudre pour qu'elle en soit toute recouverte. Laisse sécher (Fig. 2).

5. Avec de la peinture acrylique, peins la baguette en or ou en argent.

6. Enduis de colle le bout de la baguette et enfonce-le dans la boule.

7. Mets une goutte de colle sur le bout d'un des fils de cuivre et enfonce-le dans la boule (Fig. 3). Répète l'opération avec les 7 autres fils.

Baguette de sorcier

Flottez, jolis rubans,
Papillons de lumière,
Lancez à tous les vents
L'incantation de la sorcière !

MATÉRIEL

- **4 m de rubans de 6 mm de large, de couleurs variées.**
- **Un mètre souple de couturière.**
- **Des ciseaux.**
- **Une branche ou une baguette de 50 cm de long et de 1,5 cm de diamètre.**
- **De la peinture acrylique or ou argent.**
- **Un pinceau.**
- **Des bâtons de colle.**
- **Un petit marteau.**
- **Des punaises.**

MARCHE À SUIVRE

1. Mesure et coupe 4 longueurs de ruban (ou plus, si tu veux) de 50 cm et une de 60 cm. Mets-les de côté.

2. Peins la baguette en or ou en argent et laisse-la sécher.

3. Colle le bout du ruban de 60 cm à l'extrémité de la baguette. Enroule le ruban autour de la baguette, en ajoutant un point de colle tous les 5 cm. Colle l'extrémité du ruban sur la baguette.

4. Dispose les autres rubans en haut de la baguette comme les rayons d'une roue. Colle le bout de chaque ruban sur la baguette et renforce la fixation avec des punaises.

Mes amis magiciens

Durant ma longue vie de magicien, j'ai rencontré beaucoup de monde et surtout des magiciens. Tous des gens étonnants, notamment Agrippa et son mystérieux chien noir et Merlin, même si sa tenue laissait parfois à désirer avec toutes ces souris et ces oiseaux qui nichaient, figure-toi, dans sa barbe et dans ses cheveux.

Autrefois, presque tous les villages, en France et en Europe, avaient leur magicien (on disait aussi sorcier) qui disait la bonne aventure, retrouvait les objets perdus, interprétait les rêves, préparait des philtres d'amour et chassait les méchantes fées. Aujourd'hui, ces gens-là se font moins voir, mais on peut encore en rencontrer.

Circé, dont parle le poète Homère, était une puissante magicienne, capable de conjurer le sort en faisant des nœuds dans ses cheveux : une magicienne qui ne manquait pas d'humour, à mon avis ; et qui avait aussi beaucoup de charme. Elle attira Ulysse et ses compagnons dans son île. Et pour quoi faire ? Pour les transformer en cochons ! Ulysse la força à leur rendre leur forme humaine, mais elle lui plaisait tellement qu'il s'attarda une année entière auprès d'elle.

Que tu le connaisses sous le nom de Merlinus, Myrddin ou Merlin, tu vois de qui je veux parler, de l'un des plus grands magiciens, du plus connu, de Merlin l'Enchanteur.

D'après certains, Merlin était un druide, né au Pays de Galles d'une princesse royale et d'un démon. Merlin aurait pu choisir le camp du Mal, mais il décida de n'utiliser ses pouvoirs surnaturels que pour le Bien. Il savait lire l'avenir et jeter des sorts et il réussissait des tours de magie extraordinaires. Il aida le Roi Arthur à gouverner et à défendre son royaume contre les Saxons. Enfin, il accompagna dans l'île d'Avalon le roi blessé dans son dernier combat.

SAIS-TU QUE MAGICIEN VIENT D'UN MOT GREC, MAGOS, LE MAGE, QUI VIENT LUI-MÊME DU PERSAN ?

Selon certains, Merlin tombé amoureux de la fée Viviane, aurait lui-même causé sa perte. Viviane l'aurait facilement persuadé de lui enseigner tous ses secrets et l'aurait ensuite emprisonné pour toujours dans un buisson d'aubépines.

Mais comment peut-on imaginer qu'un enchanteur aussi puissant que Merlin n'ait jamais pu s'évader du tronc d'un arbuste ? Aussi d'autres assurent-ils que Merlin est toujours vivant, dans une grotte de cristal où il monte la garde près du trône d'Arthur sur lequel le Roi remontera un jour.

La fée Morgane était la sœur du Roi Arthur, ou sa demi-sœur, je n'ai jamais bien su. C'était une grande magicienne, et qui avait la réputation de toujours vouloir attirer dans sa chambre les beaux chevaliers. Merlin lui-même tomba quelque temps sous son charme.

Mais Morgane n'était pas si méchante que ça. Elle avait le don de guérir par les plantes et quand Arthur fut blessé, dans son dernier combat, elle l'aida à gagner l'île d'Avalon et lui sauva la vie.

Le magicien le plus fameux de la Renaissance, Agrippa, qui servit cinq rois différents, est l'auteur d'un célèbre traité de magie en trois volumes *De occulta philosophia*. Heinrich Cornelius Agrippa von Nettesheim, c'est son nom complet, était aussi médecin, philosophe, diplomate et guerrier valeureux. Mais quand il voulut défendre les pauvres paysans, il se fit chasser de partout. La légende dit qu'il voyageait toujours en compagnie d'un mystérieux chien noir dont le collier portait gravés des symboles magiques. Au moment de mourir, Agrippa lui ôta son collier et lui dit de partir. L'animal obéit et se jeta dans une rivière ; depuis on ne l'a jamais revu.

Amulette magique

Cette amulette est faite pour diriger l'énergie magique. Avant de la mettre à ton cou, tiens-la dans ta main, ferme les yeux et prononce l'incantation suivante :

Je porte au cou une amulette
Qui me soumet l'homme et la bête.
Par le soleil et par la lune,
Entre mes mains est leur fortune.

MATÉRIEL

- **30 g de pâte à modeler à cuire de couleur claire.**
- **Un couteau de cuisine.**
- **Un rouleau à pâtisserie ou un bocal cylindrique.**
- **Une photocopie du dessin du scarabée.**
- **Des ciseaux.**
- **Un marqueur noir.**
- **Une cuillère en métal.**
- **Une aiguille à tricoter ou une baguette.**
- **Une feuille de papier d'aluminium.**
- **50 cm de cordon, matière à ton choix : cuir, soie, chanvre, etc.**

MARCHE À SUIVRE

1. Malaxe la pâte à modeler puis pose-la sur une surface plane et propre. Aplatis-la au rouleau à pâtisserie jusqu'à ce qu'elle ait environ 3 mm d'épaisseur.

3. Photocopie le scarabée de la p. 23. L'encre des photocopieuses peut être transférée sur la pâte, celle des imprimantes à jet d'encre couleurs ne le peut pas. Fais un essai pour vérifier tout de suite que cela marche.

4. Découpe la photocopie du scarabée. Avec le couteau, ajuste la forme et les dimensions de la plaque de pâte à celles du scarabée.

5. Place la photocopie du scarabée sur la pâte et transfère le dessin en frottant doucement le papier avec la cuillère. Laisse reposer 10 minutes.

6. Avec l'aiguille à tricoter perce deux trous dans la plaque de pâte (pour passer le cordon).

7. Avec l'aide d'un adulte, place la pâte sur la plaque du four recouverte de papier d'aluminium et laisse cuire pendant 10 à 15 minutes,

selon les indications du fabriquant. Sors la pâte avec les maniques. Retire la feuille de papier pendant que la pâte est encore chaude. Laisse refroidir.

10. Repasse au marqueur sur les traits imprimés par la photocopie.

11. Pour achever l'amulette, il faut faire un petit nœud magique. Coupe un bout de cordon assez long pour que l'amulette une fois accrochée se trouve à la bonne hauteur sur ta poitrine. Fais à l'un des bouts du cordon un nœud assez gros pour être bloqué au passage du trou.

Enfile l'autre bout du cordon dans l'un des trous puis dans l'autre et, pour finir, fais un nœud aussi gros que le premier à l'autre bout du cordon. Au moment où tu serres bien fort les nœuds, pense qu'ils emmagasinent une énergie positive et bienfaisante qui se libérera quand tu porteras ton amulette.

DANS L'ÉGYPTE ANCIENNE, LE SCARABÉE ÉTAIT UNE CRÉATURE MYSTIQUE ET UN SYMBOLE TRÈS PUISSANT.

Cape d'invisibilité

Cette cape magique est efficace quand on la porte avec concentration : pense à l'aile légère du papillon, au nuage qui fuit dans le ciel, à l'ombre qui glisse sur un mur. Imagine-toi en train de disparaître et de réapparaître silencieusement.

MATÉRIEL

- Un mètre souple de couturière.
- Un vieux drap uni 2 places.
- Des épingles.
- Une calculette.
- Un crayon de couturière.
- Une règle.
- Des ciseaux.
- Du fil assorti au drap.
- Une aiguille.
- 1 m de ruban décoratif (facultatif).

MARCHE À SUIVRE

Confection de la cape

1. Recoupe le plus long côté du drap pour obtenir un carré. La cape sera faite d'un grand cercle découpé dans ce carré de tissu plié en quatre (voir Fig. 3). Réserve le reste du drap pour le capuchon.

2. Pose le carré de drap à plat et plie-le en 4, d'abord de haut en bas, puis de gauche à droite. Pique les quatre épaisseurs ensemble avec des épingles.

FIGURE 1

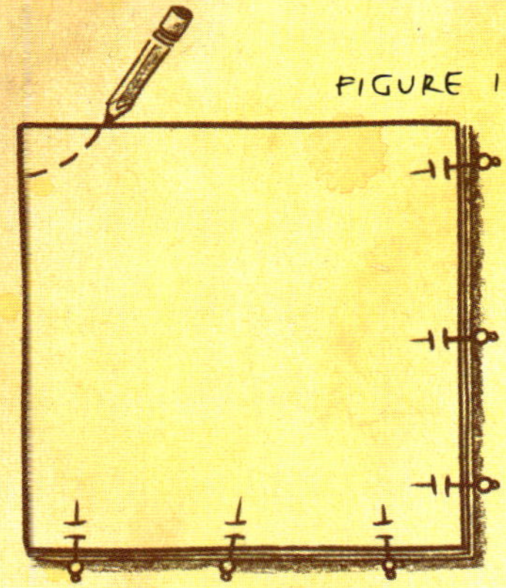

FIGURE 2

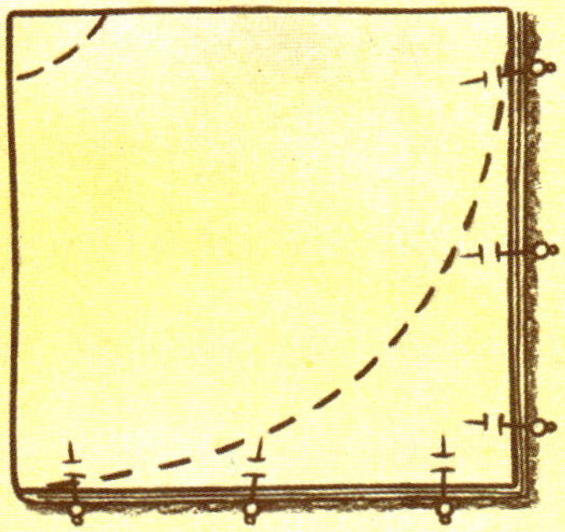

FIGURE 3

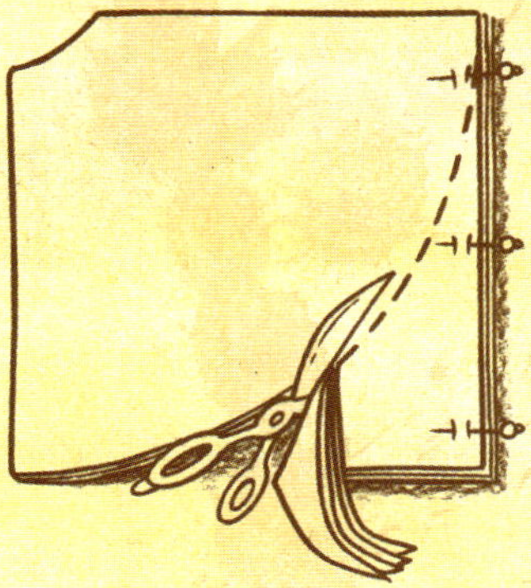

3. Mesure ton tour de cou, en comptant large, et divise le chiffre obtenu par 6 : c'est la dimension pour la découpe de l'encolure. Reporte cette mesure de chaque côté du coin supérieur gauche puis trace un arc de cercle (Fig. 1).

4. Dessine un grand arc de cercle du coin supérieur droit au coin inférieur gauche (Fig. 2).

5. Coupe les 4 épaisseurs de tissu en suivant les deux arcs de cercle (Fig. 3). Enfin, coupe l'un des plis, du bord jusqu'à l'encolure : ce sera l'ouverture de la cape.

FIGURE 4

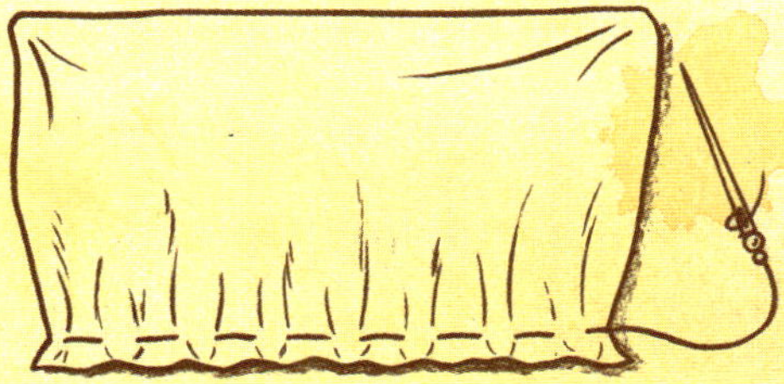

FIGURE 5

Confection du capuchon

1. Mesure ta tête, de son sommet à la base du cou, et ajoute 15 cm. Dessine sur le tissu du capuchon un rectangle dont l'un des côtés aura la dimension que tu viens de calculer et l'autre celui de ton tour de cou augmenté de 15 cm. Découpe le tissu.

2. Sur l'un des deux longs côtés du rectangle, couds une série de points, à 1,5 cm d'intervalle et à 1,5 cm du bord. Utilise ces points pour resserrer le tissu jusqu'à la dimension de l'encolure de la cape (Fig. 4). Épingle le capuchon ainsi resserré sur l'encolure, puis couds-les ensemble.

3. Referme le haut du capuchon : épingle-le en ajustant les deux coins libres l'un sur l'autre et couds-le dans cette position, puis coupe le tissu qui dépasse au ras de la couture (Fig. 5).

4. Pour une meilleure finition, tu peux faire un ourlet au bas de la cape et au bord du capuchon et souligner d'un ruban les bords de la cape (avec de l'ourlet thermo-collant).

5. Décore ta cape avec de la peinture pour tissu, des tampons encreur, des morceaux de tissu thermo-collés, etc.

Métamorphoses chez les Celtes

Pour les anciens Celtes, les dieux, les hommes et les animaux ne vivaient pas dans des mondes aux frontières étanches. D'après eux, les dieux pouvaient prendre l'apparence d'hommes ou d'animaux, certains hommes pouvaient se transformer en bêtes, et il existait des animaux ensorcelés qui avaient jadis été des hommes. Les mythes les plus célèbres sont pleins de ces métamorphoses.

D'après la légende, c'est la déesse de la magie et de la divination, Keridwen qui aurait donné naissance au grand poète Taliesin. Une curieuse naissance, tu vas le voir. Keridwen avait un fils, nommé Morfran le noir, très laid et sans aucun talent. Pour remédier à cela, Keridwen prépara un chaudron magique, versa dedans des herbes, des racines, de l'eau sacrée et mit le tout à mijoter pendant un an et un jour. Trois gouttes de ce breuvage magique devaient suffire à transmettre à son fils disgracié tout son savoir et son pouvoir.

Un jeune garçon, nommé Gwyon, fut chargé de remuer régulièrement le contenu du chaudron.

Or la veille du jour où Morfran devait boire la potion, Gwyon trempa son pouce dans le chaudron bouillant, et, pour calmer sa blessure, suça son doigt. Il avala ainsi trois gouttes du breuvage et même plus! Aussitôt le chaudron s'agita et se brisa en mille morceaux. Keridwen, réveillée par le bruit, découvrit le désastre et voulut se saisir du coupable. Mais Gwyon avait maintenant des pouvoirs magiques. Il se métamorphosa en lièvre et prit la fuite. Alors Keridwen se changea en lévrier. Elle allait l'attraper, quand Gwyon se transforma en poisson. À l'instant Keridwen se fit loutre. Pour lui échapper, Gwyon prit la forme d'un petit oiseau. Aussitôt Keridwen devint un aigle aux ailes immenses et fondit sur lui. Gwyon, voyant un champ, s'y précipita et se mua en un petit grain de blé. Mais Keridwen l'aperçut, prit l'apparence d'une poule qui picorait et l'avala.

Or il arriva que le petit grain de blé devint, au bout de neuf mois, un bébé que Keridwen n'eut pas le cœur de tuer de ses mains. Elle se contenta de l'enfermer dans un sac de cuir et de le jeter à la rivière. Mais dans la nuit d'Halloween, dit la légende, un pêcheur découvrit ce sac et recueillit l'enfant.

Et Gwyon, sauvé des eaux, devint le barde Taliesin, le plus grand poète celte.

Mitaines

Dans le froid et dans la neige
Je déploie mes sortilèges.
Magicien prévoyant,
J'ai enfilé mes gants.

MATÉRIEL

- **Une paire de vieux gants (à ta taille ou un peu plus grands).**
- **Un crayon.**
- **Des ciseaux.**

MARCHE À SUIVRE

1. Enfile les gants. Marque d'un trait la hauteur à laquelle tu veux découper les doigts et le pouce de chaque gant. Retire les gants.

2. Place-les sur ton plan de travail et découpe-les soigneusement en suivant les traits.

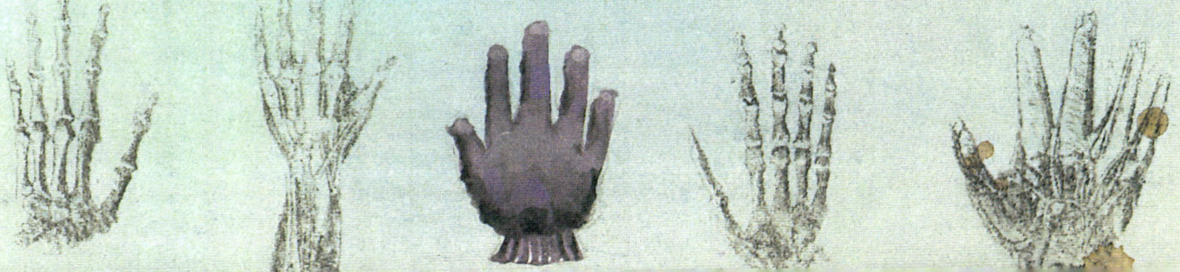

Bâton de magicien

J'ai une belle collection de bâtons – 252 exactement. Dans un désordre qui faisait bien rire mon épouse. Mais la pauvre n'a jamais pu s'habituer au bâton à tête d'Anubis qui se mettait à hurler à chaque pleine lune. (Anubis est un dieu égyptien à tête de chacal.) Tu peux faire une tête d'Anubis simplement avec du papier mâché. Quant à savoir si elle se mettra à hurler à la prochaine pleine lune... Mais tu peux aussi choisir un autre décor.

MATÉRIEL

(POUR LE BÂTON)

- **Un manche à balai en bois ou une branche bien droite.**
- **Un mètre souple de couturière.**
- **Un crayon.**
- **2,5 m de corde fine.**
- **De la colle.**
- **De la peinture acrylique.**
- **Un pinceau.**
- **Des ciseaux.**

MARCHE À SUIVRE

1. Un bâton de magicien doit être d'une taille proportionnée à celle de son utilisateur. Demande à un sorcier adulte de scier le bâton aux bonnes dimensions : ta taille moins 15 cm.

2. Peins le bâton si tu le souhaites puis laisse sécher.

3. Colle l'extrémité de la corde au bas du bâton, puis enroule la corde autour du bâton en la collant tous les 5 cm environ (Fig. 1, p. 30). Arrête-toi à 5 cm de l'autre bout du bâton en t'assurant qu'il te reste encore 25 cm de corde environ.

4. Avec la colle, fixe au bout du bâton la décoration que tu auras choisie. Enroule en dessous l'extrémité de la corde. Fais les retouches de peinture nécessaires.

MATÉRIEL

(POUR LA TÊTE D'ANUBIS)

- Le modèle figurant p. 31.
- Un crayon.
- Des ciseaux.
- Un marqueur noir.
- Un morceau de mousse florale.
- Un couteau de cuisine.
- Un oeuf en polystyrène.
- Des cure-dents.
- Du papier journal.
- De la colle blanche et de la colle forte.
- Un petit bol.
- Du film plastique.
- De l'enduit au plâtre ou de l'enduit acrylique.
- De la peinture acrylique.
- Des pinceaux.

MARCHE À SUIVRE

1. Photocopie en l'agrandissant le profil de la tête d'Anubis, p. 31, et découpe-le. Place-le sur le bloc de mousse et dessine ses contours sur la mousse.

2. Avec le couteau, découpe le bloc de mousse en suivant le profil dessiné (Fig. 2, p. 30). Effile un peu le museau et adoucis les arêtes vives.

3. Avant de découper et de coller les oreilles, enfonce le bâton dans la tête, là où se placerait le cou, sur environ 2,5 cm de profondeur, puis retire-le.

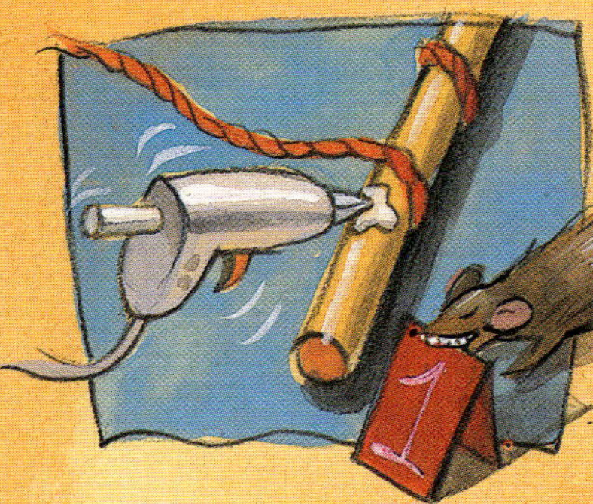

4. Coupe l'œuf de mousse en deux par le milieu. Prends l'une des deux moitiés ainsi obtenues et coupe-la en 4 quartiers. Prends-en deux pour faire les oreilles (Fig. 3).

5. Enfonce un cure-dent à moitié dans la base de chacune des deux oreilles. Fixe les oreilles sur la tête avec les cure-dents et de la colle.

6. Découpe le papier journal en bandelettes d'1,5 cm de large et de 15 à 20 cm de long. Prévois-en une bonne quantité.

7. Dans un bol, prépare un mélange d'eau (1/3) et de colle blanche (2/3). Remue pour obtenir une consistance homogène.

8. Protège ton plan de travail avec une feuille de plastique ou un bout de toile cirée : on arrive au moment où on fait des saletés (un moment que j'aime bien…).

9. Trempe une première bandelette dans le bol. Retire-la en la faisant glisser entre tes doigts pour éliminer l'excès de colle et applique-la bien à plat sur la tête (Fig. 4).

10. Recouvre ainsi la tête de bandelettes en les faisant chevaucher. Laisse sécher une nuit. Recouvre ton bol d'un film plastique pour empêcher la colle de sécher.

11. Recommence l'opération deux autres fois, en laissant toujours à la colle le temps de sécher.

12. Quand la couche de bandelettes est sèche, recouvre le tout d'une couche d'enduit au plâtre ou acrylique et laisse sécher.

13. Peins la tête de la couleur que tu veux et, patience encore !, laisse sécher.

14. Peins deux yeux en noir (Fig. 5).

15. Colle solidement la tête d'Anubis sur ton bâton.

Globe précieux

MATÉRIEL

- **Une boule de polystyrène.**
- **Un couteau de cuisine.**
- **Une assiette jetable ou une barquette alimentaire.**
- **De la poudre de paillettes.**
- **De la colle blanche et de la colle forte.**
- **Un pinceau jetable.**
- **Des pierres précieuses en plastique de formes et de couleurs variées (pierres rondes).**
- **Un bâton de magicien (voir p. 29).**

MARCHE À SUIVRE

1. Appuie l'extrémité du bâton sur la boule de polystyrène pour y laisser son empreinte. En suivant cette empreinte, creuse avec un couteau un trou d'environ 2,5 cm.

2. Mets la poudre de paillettes dans l'assiette jetable.

3. Badigeonne de colle blanche la boule de polystyrène et roule-la dans la poudre. Laisse sécher.

4. Colle les pierres sur la boule.

5. Mets de la colle dans le trou percé dans la boule et enfonce le bâton dedans.

AGRANDIS CETTE TÊTE D'ANUBIS DE 145 %, POUR QU'ELLE ATTEIGNE ENVIRON 25 CM.

Une bourse bien remplie

Sorcières et magiciens ne se déplacent jamais sans leur bourse en cuir accrochée à la ceinture. Ils y mettent des herbes, leur anneau magique, ou leur argent. Leurs pièces ont toutes les formes imaginables : rondes, rectangulaires, ovales et même triangulaires. Aie une bonne quantité de pièces magiques dans ta bourse : il paraît que, ces temps-ci, les œufs de dragon sont hors de prix.

MATÉRIEL

(POUR LA BOURSE)

- Une peau de chamois d'environ 50 cm de côté (ou un morceau de cuir souple, de feutre ou de tissu).
- Un objet circulaire pour servir de gabarit (grande assiette, couvercle, etc.).
- Un crayon.
- Des ciseaux.
- Une grosse aiguille.
- Un lacet de cuir ou un cordon d'1 m environ.

PRÉVOIS UNE BOURSE ASSEZ GRANDE POUR CONTENIR LA RANÇON D'UN ROI EN PIÈCES MAGIQUES.

MARCHE À SUIVRE

1. Pose ton gabarit sur la peau de chamois bien à plat. Pour avoir une bourse assez grande, il faut un diamètre d'au moins 30 cm. Dessine le contour au crayon.

2. Découpe la peau de chamois en suivant le tracé.

3. Perce des trous espacés de 4 ou 5 cm, à 2 ou 3 cm du bord de la peau de chamois. Il faut un nombre pair de trous.

4. Enfile le lacet dans un premier trou, de l'extérieur de la bourse vers l'intérieur, puis dans le trou suivant, de l'intérieur vers l'extérieur, etc.

5. Tire sur les deux extrémités du lacet pour refermer la bourse. Assure-toi que les deux bouts libres ont la même longueur et noue-les avec un nœud simple.

MATÉRIEL

(POUR LES PIÈCES)

De la pâte à modeler à cuire de couleur or, argent et bronze.

Un couteau de cuisine.

Un rouleau à pâtisserie ou un bocal cylindrique.

Des objets en métal (manches de couverts décorés, pièces de monnaie, vis, capsules…) pour imprimer des motifs dans la pâte.

Des crayons de couleurs (facultatif).

Des photocopies d'images (facultatif).

Une feuille de papier d'aluminium.

MARCHE À SUIVRE

1. Malaxe les blocs de pâte.

2. Aplatis la pâte à la main puis avec le rouleau à pâtisserie, jusqu'à ce qu'elle ait environ 0,5 cm d'épaisseur.

3. Pour fabriquer des pièces rondes, utilise des goulots de bouteille et de petits flacons de verre de diamètres différents. Découpe d'autres formes (triangles, ovales…) au couteau ou avec des instruments de pâtisserie.

4. Décore tes pièces, en creux ou en relief : avec les dents d'une fourchette, les motifs en relief de couverts anciens, des têtes de vis rondes, plates, cruciformes, etc. Tu peux aussi graver des chiffres, des noms, des motifs décoratifs avec des cure-dents ; ou fabriquer des pièces bicolores, par exemple en incrustant un filet d'argent dans une pâte d'or ; ou encore transférer sur les pièces des symboles alchimiques, selon la méthode utilisée pour l'amulette, pp. 22-23.

5. Avec l'aide d'un adulte, dispose les pièces sur la plaque de four recouverte de papier d'aluminium et laisse cuire pendant 10 à 15 minutes, selon les indications du fabriquant. Laisse refroidir.
Et maintenant, tu n'as plus qu'à bien garnir ta bourse.

Rats géants de Sumatra, crapauds venimeux et autres compagnons

PEU RECOMMANDABLES

Un rat de la taille d'un gros chat ? Un crapaud aussi lourd qu'une brique ? Lequel choisirais-tu comme animal de compagnie ? Plus d'un magicien préfère le crapaud commun ou le rat d'une taille raisonnable, qui tient dans la poche. Mais à toi de voir. Et si c'est la taille que tu recherches, essaie les *Sprague-Dowley* ou les *Wistar* blancs et noirs : ils mesurent jusqu'à 20 cm. Ça, ce sont de beaux morceaux de rats ! Si tu as des goûts plus exotiques, pense au *Rizomys sumatrensis*, le rat géant de Sumatra. Mon bon ami Sherlock Holmes en a rencontré un. Ce fut un cauchemar, « une histoire, écrit-il, dont le monde n'est pas encore en état de supporter le récit. » Il faut dire que le corps de l'animal mesure près de 50 cm et sa queue tout autant, et qu'à côté, un rat d'égout ordinaire a l'air d'un gentil nain. Imagine-toi ce monstre galopant dans un long couloir obscur. Brrr...

Le *Cricétomys gambianus,* rat géant d'Afrique, est presque aussi grand, mais beaucoup de non-magiciens le considèrent comme un gentil animal domestique. Il adore les boutons, les pièces de monnaie et autres babioles, qu'il n'avale pas mais garde et transporte dans ses énormes bajoues. Quelle idée !

Pendant des siècles, on a cru que les crapauds, comme les bossus, protégeaient du mauvais œil, tandis que les grenouilles étaient des symboles d'abondance. Et, comme chacun sait, beaucoup de grenouilles sont en réalité de beaux princes métamorphosés. Tu as le droit de préférer les crapauds aux grenouilles, mais attention : même les magiciens doivent se méfier du *Bufo marinus,* un crapaud venimeux, le Crapaud géant, appelé aussi Agua. Ce monstre verruqueux engloutit tout ce qu'il trouve, y compris de petits mammifères. Il pèse plus d'un kilo et mesure presque 50 cm en comptant les pattes. Pire que tout, il a, derrière les yeux, deux poches emplies d'un poison violent très dangereux pour l'homme et capable de tuer les chiens et les chats qui s'attaquent à lui. Si c'est surtout l'originalité de la taille qui t'intéresse, je te conseillerai plutôt la grenouille Goliath, d'Afrique de l'Ouest, mesurant 30 cm mais parfaitement inoffensive, ou la plus minuscule de toutes, la *Psyllophryné didactyla,* du Brésil, qui fait à peine 8 mm de long. Son nom savant veut dire : puce-crapaud longue de 2 doigts.

Balai de sorcière à grande vitesse ou B.G.V.

Ne t'inquiète pas pour le balai! Il sera encore utilisable quand tu en auras fait un balai supersonique pour la chasse à haute altitude. Une fois taillé en biseau, il sera parfait pour aller récupérer les miettes derrière ton bureau et sous le canapé.

POUR PLUS DE SÛRETÉ, DEMANDE TOUT DE MÊME À LA SORCIÈRE EN CHEF DE TA MAISON SI ELLE EST D'ACCORD POUR QUE SON BALAI NE SERVE PLUS À DÉCOLLER LA POUSSIÈRE DU PLANCHER, MAIS À DÉCOLLER DU PLANCHER DANS LA POUSSIÈRE.

MATÉRIEL

- Une photocopie du stabilisateur de vol, p. 35.
- Un balai de paille de riz.
- Un marqueur noir.
- Un pinceau.
- De grands ciseaux.
- De la peinture acrylique or, argent, cuivre, etc.
- De l'adhésif réfléchissant.
- Du carton.
- Un cutter.
- Des punaises.
- 2 autocollants fluorescents.

MARCHE À SUIVRE

1. Avec le marqueur, trace sur la paille une diagonale comme sur le schéma (Fig. 1).

2. Découpe la paille en suivant cette ligne, une épaisseur de brins à la fois. Égalise le tout comme un coiffeur consciencieux (Fig. 2).

3. Protège ton plan de travail. Pose le balai à plat. Peins le manche sans retourner le balai. Laisse sécher. Retourne le balai et peins l'autre côté du manche. Laisse sécher. Recommence l'opération pour une deuxième couche.

4. Sur la paille du balai, tu peux peindre des flammes (Fig. 3), ou d'autres motifs de couleur assortie à celle du manche. Et pourquoi ne pas donner un nom à ton balai et le peindre sur le manche ? (Mon dernier balai, je l'avais appelé *Le Foudroyant*.)

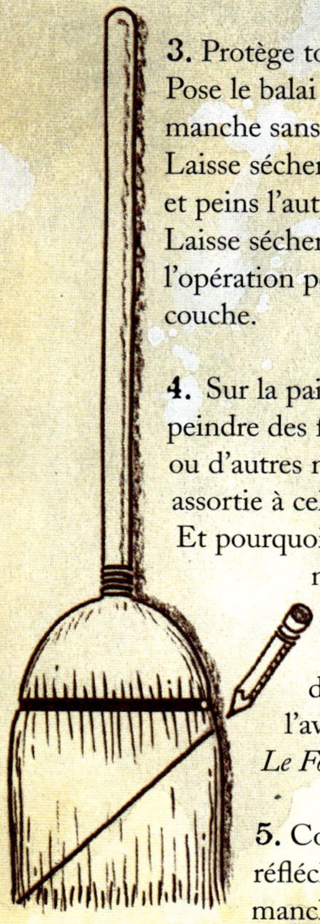

FIGURE 1

5. Colle le ruban adhésif réfléchissant autour du manche en espaçant les spires pour laisser voir la couleur.

6. Photocopie, en l'agrandissant, le schéma n° 4 : c'est un stabilisateur de vol. Reporte-le sur du carton puis découpe-le. Fais deux encoches parallèles (Fig. 4), juste assez grandes pour pouvoir y glisser le manche à balai.

7. Peins le stabilisateur. Laisse sécher. Colle les autocollants.

8. Glisse le manche dans les deux fentes et, avec des punaises, fixe le stabilisateur de vol à la hauteur voulue.

FIGURE 2

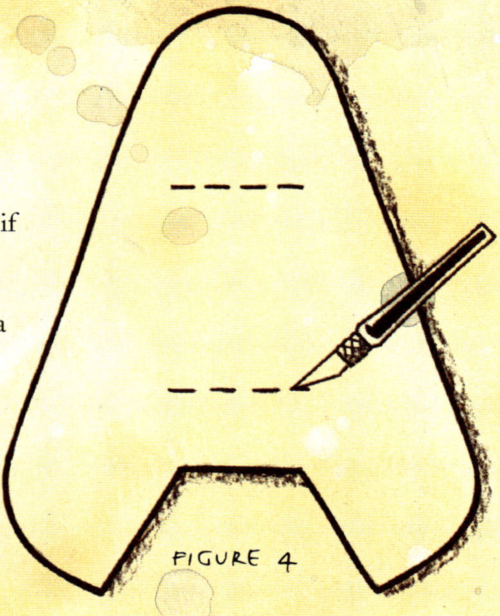

FIGURE 4

FIGURE 3

Chaussons de sorcière

Ces chaussons fantaisie se portent par-dessus les chaussures. Ils sont faciles à faire avec du feutre, du fil, une aiguille et quelques petites opérations arithmétiques. Tu peux les décorer ou les laisser tels quels pour ta vie de tous les jours.

MATÉRIEL

- 30 cm de feutre en 90 cm de large ou 4 rectangles d'environ 25 x 30 cm.
- Un mètre souple de couturière.
- Un crayon et du papier.
- Une feuille de papier de format A3 (29,7 x 42 cm) pour le patron.
- Une règle.
- Des ciseaux.
- Des épingles.
- Une aiguille.
- Du fil ordinaire ou du fil mouliné métallisé.
- Du velcro adhésif.
- Des chutes de feutre.
- De la peinture pailletée.
- 2 sacs en plastique.

MARCHE À SUIVRE

1. Choisis la chaussure par-dessus laquelle tu enfileras ton chausson.

2. Note sur une feuille de papier, au fur et à mesure, les 4 mesures que tu vas prendre :
Mesure A : le tour complet de la semelle.
Mesure B : du sol jusqu'au milieu du dessus de la chaussure, là où elle est la plus large.
Mesure C : du sol jusqu'au milieu du cou de pied, la partie la plus haute de la chaussure.
Mesure D : du sol au sommet du contrefort (à l'arrière de la chaussure).

3. Ajoute 5 cm à la mesure A et divise le total par 2 : ce sera la longueur de ton chausson, (pointe non comprise). Trace une ligne horizontale de cette longueur au bas de la feuille qui va servir de patron. À l'extrémité droite de cette ligne, marque le point Y.

4. Divise cette ligne en deux moitiés et mets une croix au milieu.

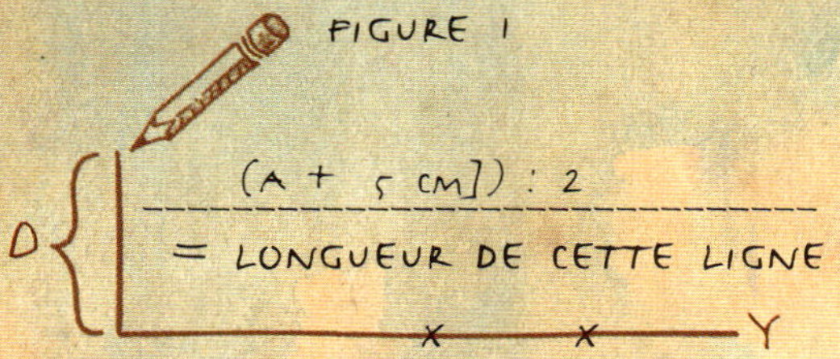

Divise la moitié droite en deux et mets une autre croix au milieu.

5. À l'extrémité gauche de la ligne horizontale, trace un trait vertical de la longueur de D : ce sera l'arrière du chausson (Fig. 1).

6. Au milieu de la ligne, à partir de la 1re croix, trace un trait vertical de la longueur de C plus 0,5 cm. Au sommet, marque le point X.

7. Au milieu de la moitié droite, à partir de la 2e croix, trace un trait vertical de la longueur de B.

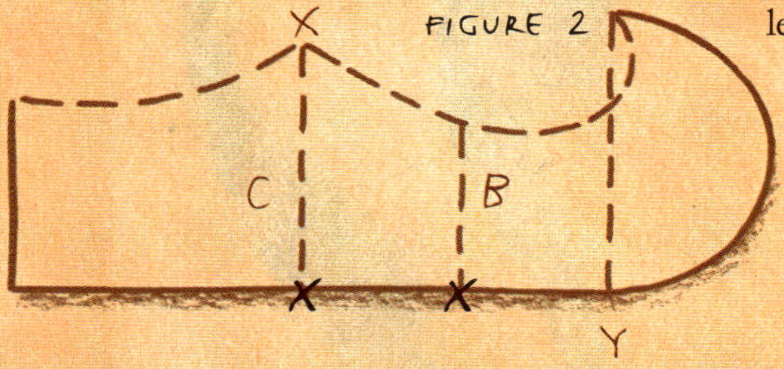

8. Relie les sommets des 3 traits verticaux par 2 traits droits ou légèrement incurvés.

9. Reste à dessiner la pointe du chausson en forme de corne. Elle peut être plus ou moins recourbée et pointue. Je te conseille une assez petite corne, elle risquera moins de se prendre dans le bas de ta robe ou de ta cape. Achève de dessiner le patron (Fig. 2).

10. Découpe le patron et épingle-le sur le feutre. Découpe le feutre. Répète l'opération 3 fois. Tu as maintenant 4 demi-chaussons.

11. Ajuste l'un sur l'autre deux morceaux de feutre ainsi découpés. Épingle-les et couds ensemble, à gros points, leur partie supérieure et toute la pointe, de X à Y (Fig. 3). Répète l'opération avec les deux autres morceaux.

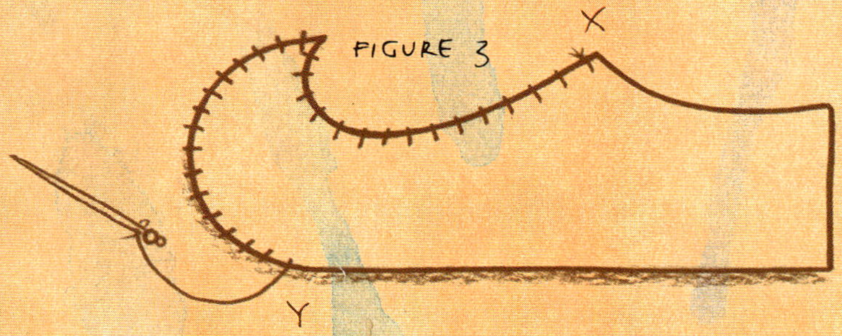

12. Glisse un chausson sur une des chaussures et, à l'arrière, marque d'un trait de crayon l'endroit ou l'un des morceaux de feutre recouvre l'autre.

13. Coupe deux morceaux de velcro adhésif à la dimension D. Colle une face de velcro à l'intérieur, le long du trait dessiné à l'étape précédente. Colle l'autre face du velcro à l'extérieur, en t'assurant que les deux faces de velcro s'ajustent l'une sur l'autre. Répète l'opération pour l'autre chausson.

14. Tu peux porter tes chaussons tels quels, ou les décorer en cousant ou collant dessus des morceaux de feutre découpés aux formes de ton choix, ou en peignant directement sur les chaussons.

15. Pour que la pointe du chausson reste bien pointue, je te conseille de la bourrer avec du papier journal ou un petit sac en plastique.

Anneau magique de Salomon

Un joyau éclatant,
Un anneau d'or brillant.
Qui le porte à son doigt
Toujours se montrera
Brave, juste et généreux.

Il y a très longtemps de cela, entre 100 et 400 après J.C., vivait un magicien extraordinaire qui s'appelait le Roi Salomon. On raconte quantité d'histoires sur sa sagesse et sa puissance. Il possédait un anneau magique grâce auquel il commandait aux djinns, les esprits de l'air. L'anneau que je te propose est une merveille, mais de puissance limitée, comme il convient à un novice en l'art de la magie. Mais on ne sait jamais... Dis à ton plus jeune frère (ou à ta sœur) de faire le ménage dans ta chambre à ta place. S'il ou elle t'obéit, c'est que mon anneau est peut-être plus puissant que je le croyais.

MATÉRIEL

- Du fil de cuivre ou de laiton de 0,8 mm.
- Une règle.
- Une pince coupante.
- Une baguette ronde de 15 cm environ, à peine plus grosse que le doigt où tu porteras l'anneau.
- Une pince plate.
- Une grosse bille de verre ou une pierre ronde.
- Du ruban adhésif.

MARCHE À SUIVRE

1. Coupe environ 60 cm de fil de cuivre. Enroule-le 6 fois au moins autour de la baguette en serrant bien fort (Fig. 1).

2. Fais glisser la baguette sans défaire les spires. Coupe le fil à la dernière spire.

À SUIVRE PAGE 40

3. Maintiens les spires serrées et entortille-les avec la suite du fil. Utilise la pince plate pour serrer le tout et en faire un anneau rigide (Fig. 2).

4. Place la bille de verre sur l'anneau et entoure-la une première fois avec la suite du fil. Ce premier tour se fait perpendiculairement à l'anneau. Pour éviter que la bille ne glisse, colle provisoirement de l'adhésif sur le fil et la bille (Fig. 3).

5. Fais passer le fil dans l'anneau et entoure la bille une deuxième fois, parallèlement à l'anneau, pour faire comme une croix. Dès que la bille ne risque plus de glisser, retire l'adhésif (Fig. 4). Pour plus de sûreté et si ton fil est assez long, tu peux entourer la bille deux fois dans chaque sens.

6. Pour resserrer au maximum la monture, enroule le fil plusieurs fois autour de sa base (Fig.5). Coupe ce qu'il reste de fil.

La malle du magicien

Où ranger ta tenue de magicien quand tu ne t'en sers pas? Dans une malle spéciale, que tu réaliseras facilement à partir d'une simple boîte de rangement en carton comme on en trouve dans les grandes surfaces et les magasins spécialisés. Il existe toutes sortes de modèles, de couleurs, de qualité de cartons. À toi de choisir.

MATÉRIEL

- Une boîte de rangement en carton fort avec couvercle amovible.
- Un rouleau de papier d'aluminium épais.
- Des ciseaux.
- Un crayon.
- Une règle.
- De la colle blanche.
- Une feuille de papier calque.
- De la peinture.
- Des pinceaux.
- Un stylo à bille.

1. Découpe 8 rectangles de 5 x 15 cm de papier d'aluminium. Arrondis leurs extrémités. Avec le stylo à bille, dessine de petits cercles pour imiter les clous. Donne-leur du relief en suivant les indications données p. 130. Colle deux rectangles de papier aluminium ainsi préparés à chaque coin de la malle (voir le dessin de la page précédente).

2. Découpe dans le papier d'aluminium une étiquette qui portera ton nom. Formes et dimensions à ton goût, mais pense au nombre de lettres. Ecris ton nom en alphabet runique (p. 94) sur une feuille de papier calque. Retourne la feuille et place-la sur l'envers de l'étiquette. Avec le stylo à bille, repasse sur les lettres inversées pour les graver dans le papier d'aluminium. Colle l'étiquette sur le devant de la malle.

3. Sur ta lancée, tu peux essayer de faire une fausse serrure.

Motifs astrologiques

Utilise les symboles des signes du Zodiaque (voir pp. 105-107) pour personnaliser ta malle.

1. Retire le couvercle et peins sur la malle d'abord de larges bandes verticales puis, par-dessus, le symbole correspondant à ton signe, en plusieurs exemplaires. Choisis pour les bandes la couleur associée à ton signe et pour les symboles celle du métal associé (pour un Cancer, par exemple : bandes vert émeraude et symboles couleur argent).

2. Si tu veux compléter la décoration, ajoute d'autres symboles de ton invention entre les bandes.

3. Sur le couvercle, dessine ton symbole agrandi aux dimensions convenables et peins-le.

Qui a lancé ça ?

Les esprits frappeurs et leurs vilains tours

Hohoho... Rrrr... Ssss... Hihihi...

Hors d'ici !

Des fenêtres, des portes, des tiroirs qui s'ouvrent et se ferment tout seuls. Des ampoules qui s'allument et s'éteignent d'elles-mêmes. Des coups de marteau inexplicables. Des pierres, de la poussière qui tombent de nulle part. La perruque de ta grand-mère qui s'envole à travers le salon. Le piano et le frigo qui décident tout d'un coup de faire un petit tour. L'ordinateur qui se met à afficher des messages venus on ne sait d'où. Mais qu'est-ce qui se passe ? Tu as sans doute chez toi un esprit frappeur – et, du coup, toute ma sympathie.

Souvent espiègles et parfois méchants, les esprits frappeurs (à ne pas confondre avec les fantômes) font parler d'eux depuis fort longtemps. La durée de leur séjour dans une même maison est très variable, de quelques jours à plusieurs années, et ils semblent avoir une préférence pour les maisons habitées par de jeunes adolescents. Certains chercheurs pensent que les phénomènes qu'on leur attribue pourraient venir de l'énergie psychique d'une des personnes vivant dans la maison.

Il y a des histoires d'esprits frappeurs dans le monde entier, et par milliers. En Angleterre, il y a une histoire célèbre, celle du tambour de Tedworth, survenue en 1661. Un juge de paix avait interdit à un tambourinaire de jouer de son instrument, parce que cela gênait les habitants du village. On mit l'objet sous clef dans une maison de Networth, un village voisin. Mais pendant deux années entières, roulements de tambour, bruits d'orage, halètements, grattements et autres facéties rendirent la vie impossible dans cette maison.

En 1715, un esprit se manifeste dans une maison anglaise par des grognements et d'autres bruits disgracieux. Le vieux Jeffrey, ainsi que l'a surnommé la famille, ne partira que deux mois plus tard.

Plus près de nous, en 1973, au Paraguay, un esprit frappeur (et déménageur) aurait transporté un landau, avec un bébé endormi dedans, de la maison jusque sous un arbre, sans que le bébé se réveille.

En 1977, à Enfield, près de Londres, la famille Hodgson dut subir, pendant un an et demi, les mauvais tours d'un esprit qui déplaçait les meubles, jetait en l'air les brosses à cheveux et écrivait des messages sur les murs.

En 1981, un jeune couple du Kent finit par abandonner sa maison pleine de bruits bizarres, dont les portes claquaient et où les pièces de monnaie volaient à travers le salon.

Les esprits frappeurs, toujours invisibles, existeraient-ils donc vraiment ? Franchement, je n'en sais rien, mais je sais que des savants se penchent sur la question. En tout cas, si tu as l'impression qu'il y en a un chez, toi, rappelle-toi qu'il n'y restera pas éternellement et que sa présence peut être amicale. Tout de même, si un jour tu vois une brosse à cheveux ou une cuillère à café qui vole droit sur toi, un conseil : baisse-toi vite !

Chapitre 2

Les Arts Décoratifs

Si tu veux qu'en entrant dans ta chambre, on voie tout de suite qu'il s'agit de la chambre d'un magicien, mets-y des objets qui ne trompent pas: une boule de cristal, un tapis volant, un miroir magique, etc. J'ai déniché mon premier tapis volant en Arabie, et le marchand, Ali-Baba, a eu la gentillesse de m'expliquer comment en fabriquer un autre. Je te transmets ses explications. La boule de cristal est toujours utile: quand on n'y lit pas l'avenir, elle fait une lampe de chevet très convenable. Parmi tous les objets que je te propose, il en est un que je te recommande particulièrement pour impressionner tes amis: la photo qui montre à la fois le passé, le présent et l'avenir.

CHAMBRE DE MAGICIEN

AVEC MAGICIEN VOLANT.

Tapis volant

Tu ne peux pas aller jusqu'à Istanbul ou Samarkand pour y acheter un tapis magique ? Ce n'est pas grave. Il y a sûrement, près de chez toi, un magasin où trouver un petit tapis à bon marché. Imagine le plaisir que tu aurais à voler au-dessus des minarets (ou même du supermarché d'à côté), si ton tapis était vraiment un tapis volant. À moins que la réalité ne dépasse ton imagination…

MATÉRIEL

- Une photocopie des dessins de minaret (p. 142).
- Un petit tapis mince lavable.
- Des ciseaux.
- Un crayon.
- Une règle.
- De la peinture pour tissu aux couleurs de ton choix.
- Des pinceaux de 2,5 cm de large.
- Environ 1,80 m de franges pour tissu d'ameublement (la longueur exacte dépend des dimensions du tapis).
- De la colle pour tissu.

MARCHE À SUIVRE

1. Lave le tapis avant de le peindre et d'ajouter les franges.

2. Agrandis à la photocopieuse le modèle de minaret (p. 142). Le motif doit pouvoir être reproduit deux fois tête-bêche sur le tapis (voir dessin ci-dessous).

3. Découpe-le. Place-le une première fois sur le tapis. Dessine le contour au crayon. Répète l'opération pour le second motif.

4. Protège ton plan de travail.

5. Peins les minarets de la couleur de ton choix.

6. Complète la décoration par quelques fioritures, spirales ou autres (voir dessin ci-dessous).

7. Ajoute les franges, en les collant ou en les cousant.

Miroir magique

Mon miroir personnel est l'œuvre d'Héphaïstos, le dieu grec du travail des métaux. Son cadre est en argent, semé de pierres précieuses. Tu peux en faire une réplique imitant le métal, sans avoir besoin d'une enclume et d'un marteau.

MATÉRIEL

- Une photocopie du motif décoratif de la page 48.
- Un petit miroir sans cadre, rectangulaire ou carré.
- Du carton d'emballage.
- Des ciseaux ou un cutter.
- Une règle.
- Du papier d'aluminium.
- De la colle blanche et de la colle forte.
- De la peinture noire, marron ou bleu foncé.
- Un pinceau.
- Du papier essuie-tout ou de vieux chiffons.
- Du feutre ou du carton pour l'envers du miroir.
- Une attache pour tableau.
- De fausses pierres précieuses en verre ou en plastique (des pierres rondes).

MARCHE À SUIVRE

1. Photocopie, en les agrandissant au besoin, les 4 motifs de la p. 48 ou photocopie quatre fois le même.

2. Place les photocopies découpées sur le carton. Dessine leurs contours et découpe le carton.

3. Dispose les 4 morceaux aux 4 coins du miroir et mesure la largeur et la longueur de l'ensemble : ce seront les dimensions du cadre.

4. Découpe un morceau de carton aux dimensions du cadre et recouvre-le entièrement, sur ses 2 faces, de papier d'aluminium bien ajusté (avec de la colle blanche et en repliant soigneusement ses bords). Si la largeur du cadre est supérieure à celle du rouleau d'aluminium, prends 2 feuilles de papier d'aluminium.

5. Mets le miroir et les 4 motifs d'angle en place sur le carton recouvert de papier d'aluminium et colle seulement les motifs. Enlève le miroir.

6. Découpe une feuille de papier d'aluminium un peu plus longue que le cadre. Froisse légèrement le papier d'aluminium entre tes mains, puis défroisse-le avec précaution.

7. Colle-le soigneusement sur tout le cadre. Attention aux motifs d'angle en relief ! Le papier d'aluminium se déchire facilement. Replie ce qui déborde sur l'envers du cadre.

8. Prends un peu de peinture et étale-la au pinceau sur une petite partie du cadre. Enlève-la en partie avec un vieux chiffon ou du papier essuie-tout pour donner une impression de métal patiné. Répète l'opération sur tout le cadre et laisse sécher.

9. Colle le miroir à l'intérieur du cadre.

10. Découpe un morceau de feutre ou de carton fort aux dimensions du cadre et colle-le au dos. Fixes-y l'attache pour tableau.

11. Colle les pierres précieuses sur le cadre aux endroits que tu veux (par exemple aux 4 coins, comme sur l'image de la p. 47).

Bougie flottante

Tout magicien qui se respecte doit avoir chez lui une ou deux bougies flottantes. Ces bougies ont ceci de particulier qu'elles se consument jusqu'au bout, tout en continuant de flotter. Attention ! Avant de commencer, demande à la chef-magicienne de ta maison si tu as sa permission. Allume ta bougie seulement en présence d'un adulte et ne la laisse jamais brûler sans surveillance.

MATÉRIEL

- Une bougie de 15 cm de long et de 2 cm de diamètre environ.
- Une vis à bois de 25 ou 30 mm de long.
- Un tourne-vis (facultatif).
- Un bocal en verre plus haut que la bougie.
- Du colorant alimentaire.
- Des allumettes extra-longues.

MARCHE À SUIVRE

1. À la main ou avec un tourne-vis, enfonce la vis jusqu'à mi-hauteur dans la base de la bougie. Assure-toi qu'elle est enfoncée bien droit.

2. Remplis le bocal d'eau jusqu'aux 2/3. Ajoute quelques gouttes de colorant.

3. Prends la bougie par la mèche et plonge-la doucement dans le bocal. La bougie doit rester droite et ne pas s'enfoncer dans l'eau jusqu'à la mèche. Si elle penche d'un côté, c'est que la vis n'est pas enfoncée droit. Si elle s'enfonce trop, utilise une vis moins lourde.

4. Il ne te reste plus qu'à laisser un magicien adulte allumer ta bougie.

L'écriteau qui fait peur

Un magicien organisé a besoin d'un support où griffonner rapidement ses idées géniales, faire savoir qu'il ne faut pas le déranger, noter la liste des courses à faire (poils de chauves-souris, œufs de dragon, etc.). Je te propose un écriteau agrémenté de tibias entrecroisés. Tu peux être sûr qu'il fera réfléchir ta petite sœur quand elle lira dessus : DÉFENSE D'ENTRER.

MATÉRIEL

- Une ardoise avec cadre en bois.
- Un morceau de pâte à modeler à cuire.
- Une feuille de papier d'aluminium.
- De la colle blanche.

MARCHE À SUIVRE

1. Pétris la pâte puis roule un petit morceau pour en faire un boudin de la taille de ton petit doigt. Fais-en un second.

2. Place les boudins l'un sur l'autre, en croix, sur une surface plane. Aplatis-les légèrement et arrondis leurs extrémités. Presse-les l'un sur l'autre à l'endroit où ils se croisent.

3. Prends une petite quantité de pâte et fais-en 8 boules. Mets 2 boules aux 2 extrémités de chacun des boudins et presse-les, en égalisant la pâte pour donner à l'ensemble l'allure de 2 os croisés.

4. Répète 3 fois les opérations 3 et 4.

5. Avec l'aide d'un adulte, pose les 4 croix sur la plaque du four couverte de papier d'aluminium et fais cuire suivant les indications du fabricant.

6. Laisse les os refroidir puis colle-les aux 4 coins du cadre de l'ardoise.

Le dragon et autres serpents célestes

Il y a 4000 ans, la constellation la plus brillante dans le ciel nocturne était le Dragon. C'est un groupe d'étoiles qui a la forme d'un long serpent avec une tête triangulaire et dans lequel se trouvait alors l'étoile indiquant le nord, qu'on appelle Étoile Polaire. Les Égyptiens l'appelaient Thuban, les Perses Ashdeha et les Indiens Shi-shu-mara, l'alligator géant. À cette époque, ceux qui observaient le ciel avaient l'impression que les planètes et les étoiles tournaient autour de l'étoile du Dragon. Dans l'ancienne Égypte, l'une des pyramides de Gizeh fut construite de telle sorte que le Dragon soit visible depuis le fond des galeries qui s'enfoncent au cœur de la pyramide. Depuis, l'axe de rotation de la terre s'est déplacé et aujourd'hui, l'Étoile Polaire se trouve dans la constellation de la Petite Ourse, mais celle du Dragon est toujours bien brillante.

Pour les Grecs, le Dragon, comme toutes les étoiles, était fixé à la voûte céleste. On racontait qu'il avait été lancé contre Athéna et que la déesse l'avait définitivement neutralisé en l'accrochant à la voûte du ciel. Les Babyloniens aussi connaissaient un méchant serpent, Tiamat, responsable du chaos où se trouvait le monde à son origine. Quand de nouveaux dieux apparurent pour organiser ce chaos, Tiamat lutta contre eux avec l'aide de monstres marins, de serpents venimeux et d'hommes-scorpions. Le dieu Marduk combattit Tiamat avec l'aide des vents célestes. Tiamat fut vaincu et Marduk mit de l'ordre dans le monde en créant la terre, le ciel et les étoiles.

La constellation de l'Hydre est liée à la légende d'Hercule. L'Hydre était un serpent monstrueux à plusieurs têtes, vivant dans les marais. Son haleine était un poison mortel et, quand on coupait une de ses têtes, elle repoussait aussitôt. On ne pouvait jamais se débarrasser d'elle. Hercule y parvint pourtant. Il coupa toutes les têtes de l'Hydre (sept, ou neuf, ou plus, selon les légendes), en prenant soin de cautériser les blessures avec des branches enflammées, pour empêcher les têtes de repousser. Astucieux, non?

Une autre légende dit que la constellation de l'Hydre est le résultat de la colère d'Apollon contre un corbeau. Le dieu avait à son service un corbeau auquel il demanda un jour de lui apporter une coupe d'eau fraîche. Le corbeau était gourmand; en chemin il perdit beaucoup de temps à picorer des fruits. Quand il revint auprès de son maître, il tenait un serpent d'eau dans son bec et il prétendit que c'était lui qui l'avait retardé. Apollon ne se laissa pas prendre à ce mensonge et, dans sa colère, il projeta dans le ciel l'oiseau, la coupe et le serpent. Et voilà pourquoi, au-dessus de la constellation de l'Hydre (un long serpent), on voit celles du Corbeau et de la Coupe.

Ophiuchus (un mot grec qui veut dire le porte-serpent) est le nom d'une autre constellation qu'on appelle aussi le Serpentaire ou Esculape. Voici pourquoi. Le dieu de la médecine, Esculape, avait découvert les vertus curatives des plantes en voyant un serpent donner un brin d'herbe à un autre serpent qui paraissait mort, et le ramener ainsi à la vie. Esculape utilisa sa science pour guérir les hommes. Mais Pluton, le dieu des morts, alla se plaindre à Jupiter: avec les succès d'Esculape, le royaume des morts se dépeuplait. Jupiter foudroya donc Esculape. Mais comme il admirait tout de même ses talents de médecin, il le transforma en une constellation où figure aussi le serpent qui l'avait inspiré. C'est pour cette raison qu'aujourd'hui encore le symbole des médecins et des pharmaciens est un serpent, enroulé autour d'un bâton.

Étoiles et chauves-souris

Chauves-souris virevoltantes,
Vous qui menez la sarabande,
Le plus brave, quand il vous voit,
Garde à grand peine son sang-froid.
Brillez, brillez, claires étoiles,
Fleurs de la nuit aux cent pétales !
Pour vous cueillir au firmament,
Sur mon tapis je vais volant.

MATÉRIEL

- **Des photocopies des dessins d'étoiles et de chauves-souris (p. 141).**
- **Des ciseaux.**
- **Du carton.**
- **Du fil à coudre.**
- **De la colle blanche.**
- **De la peinture noire et métallisée.**
- **Des pinceaux.**
- **Des punaises.**
- **Du ruban adhésif.**

MARCHE À SUIVRE

1. Photocopie en les agrandissant (300 %) les 2 modèles de chauve-souris (p. 141) et découpe-les. Même chose avec 2 modèles d'étoile, un grand et un petit.

2. Place les 2 modèles de chauve-souris sur le carton. Dessine les contours. Recommence l'opération 13 fois pour chacun des 2 modèles.

3. Même chose pour les 2 modèles d'étoile.

4. Découpe les 28 silhouettes de chauve-souris et les 28 d'étoile.

5. Peins les chauve-souris en noir et les étoiles en couleurs métallisées.

6. Coupe 28 longueurs de fil d'environ 30 à 40 cm chacune.

7. Fixe une extrémité de fil au milieu d'une silhouette de chauve-souris avec de l'adhésif. Encolle l'ensemble de la silhouette et applique-la sur une silhouette identique. Recommence l'opération jusqu'à avoir 14 chauves-souris (7 les ailes vers le haut, 7 les ailes vers le bas).

8. Recommence l'opération avec les étoiles (7 grandes et 7 petites).

9. Demande à un adulte de fixer les fils au plafond avec des punaises.

Boule de cristal lumineuse

La plupart des choses dont tu as besoin pour cette boule se trouvent dans les magasins de bricolage ou de luminaires. Si l'art de l'électricité a quelques mystères pour toi, tu peux faire monter ta lampe par un spécialiste, ou même te contenter de ta lumineuse imagination pour illuminer ta boule de cristal.

MATÉRIEL

- **Un globe de verre translucide pour applique ou plafonnier (Fig. 1).**
- **Des motifs décoratifs (p. 142).**
- **Du papier calque.**
- **Un crayon.**
- **Des ciseaux.**
- **Du papier adhésif pour étagères ou tiroirs.**
- **Du givre en aérosol ou de la peinture pour verre, en gel ou liquide.**
- **Des feuilles de journal.**
- **Une douille, du fil, une fiche mâle, un interrupteur et une ampoule de faible puissance.**
- **Une base de lampe en bois, de même diamètre que l'ouverture du globe.**

MARCHE À SUIVRE

1. Choisis un globe puis nettoie-le au produit lave-vitres.

2. Sur le papier calque, reporte les motifs du haut de la p. 142, ou d'autres à ton choix : croissant de lune, dragon, etc. Découpe-les (Fig. 2).

3. Place les motifs découpés sur le papier adhésif, dessine leurs contours et découpe le papier (Fig. 3).

4. Retire la pellicule protectrice et colle les motifs sur le globe (Fig. 4).

5. Vaporise le givre sur toute la surface du globe, en suivant le mode d'emploi (Fig. 5). Laisse sécher.

6. Décolle les motifs de papier adhésif. La décoration de ta boule est finie.

7. Il reste à fixer le globe sur la base en bois, équipée d'une douille, d'un fil etc. Pour cela, fais appel à une magicienne ou un sorcier qui connaisse bien la fée électricité.

La MAIN DE GLOIRE

ou Il y a vraiment des gens stupides

Jamais, au grand jamais, je n'ai approuvé la chose, mais le fait est qu'au Moyen Âge, il s'est trouvé des gens pour fabriquer des chandeliers avec des mains de pendus. Il s'agissait de magie noire. Aucun magicien respectable ne voudrait avoir affaire avec cela.

Une fois débarrassée de sa graisse, assaisonnée, macérée et séchée, ce qu'on appelait la Main de Gloire ressemblait à une main de momie. Avec la graisse, on fabriquait une chandelle (ne compte pas sur moi pour te donner la recette), et la Main de Gloire servait de chandelier. On disait que la personne qui voyait la chandelle allumée se trouvait immédiatement paralysée. La Main de Gloire servait aussi à jeter un sort à des gens endormis et à les empêcher de se réveiller pendant toute une journée. Cette croyance donnait sans doute un peu de confiance aux voleurs timides qui opéraient la nuit.

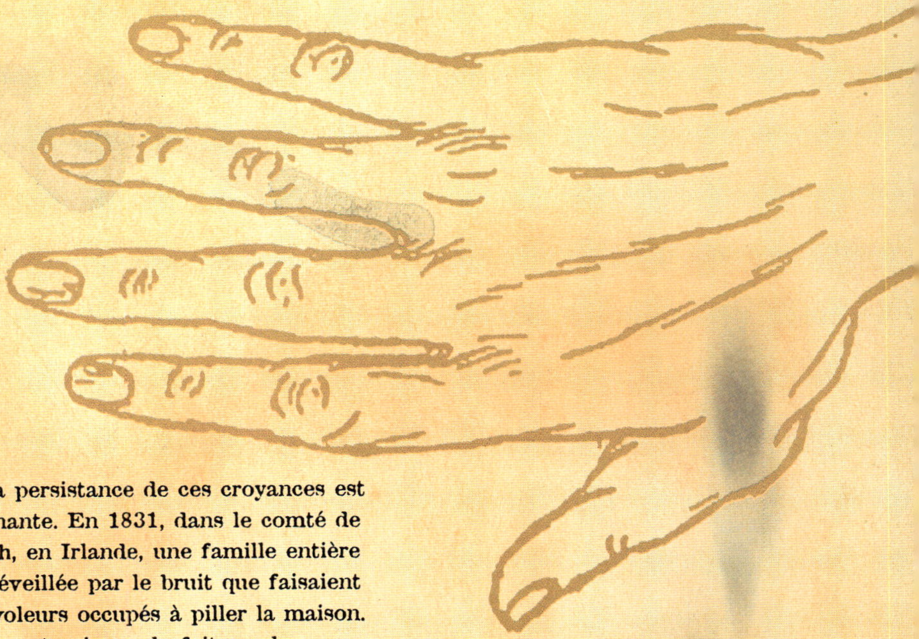

La persistance de ces croyances est étonnante. En 1831, dans le comté de Neath, en Irlande, une famille entière fut réveillée par le bruit que faisaient des voleurs occupés à piller la maison. Ils furent pris sur le fait par le maître du logis qui découvrit avec stupeur qu'ils s'éclairaient avec une Main de Gloire. Les cambrioleurs prirent aussitôt la fuite, sans même emporter leur macabre chandelier. On les comprend : ils avaient désormais de bonnes raisons de ne plus croire à ses vertus magiques.

Le tableau qui abolit le temps

Tu vas étonner tes amis avec ce tableau à trois faces. Tu leur monteras hier, aujourd'hui et demain avec trois photos de toi. Sur l'une on te voit bébé, l'autre te montre dans ta vie ordinaire d'aujourd'hui et sur la dernière, tu es en grande tenue de magicienne.

MATÉRIEL

- 3 photos de même dimensions et que tu es prêt à sacrifier.*
- Une feuille de papier blanc épais (200 g) de format raisin (50 x 64 cm).
- Une règle.
- Un crayon.
- Des ciseaux.
- Un bâton de colle.
- Du papier paraffiné.
- De gros livres (comme presse-papier).
- Du carton contrecollé.

* Pour la photo de toi bébé, je te conseille de demander la permission à ceux qui ont fait le bébé. Ils pourraient tenir à cette photo. Tu peux aussi en faire une photocopie.

1. Découpe les marges des photos, si elles en ont. Dispose les 3 photos bord à bord dans l'angle inférieur gauche de la feuille de papier blanc. Maintiens-les en place avec une règle et encadre-les d'un trait de crayon.

2. Dans le rectangle ou le carré ainsi obtenu, trace des colonnes de 1,5 cm de large (Fig. 2). Si tu as choisi des photos de format 10 x 15 cm, tu dois avoir à dessiner 30 colonnes.

3. Découpe le rectangle (ou le carré) de papier et plie-le en suivant les traits. Les deux 1res colonnes sont pliées en relief, la 3e reste à plat, la 4e et la 5e sont pliées en relief, la 6e reste à plat, etc. (Fig. 3).

Évite les photos avec marge !

4. Numérote les colonnes 1, 2, 3, 1, 2, 3, etc. (Fig. 4).

5. Au dos de chacune des photos, dessine des bandes identiques aux colonnes dessinées sur le papier.

6. Découpe la 1re bande de la photo du passé et colle-la sur le papier dans la 1re colonne portant le n° 1. Découpe les autres bandes de cette photo, en les collant au fur et à mesure dans les colonnes n° 1 (Fig. 5).

7. Répète l'opération avec la photo du présent, en collant les bandes, cette fois, dans les colonnes n° 2. Même chose avec la photo de l'avenir dans les colonnes n° 3.

8. Quand toutes les bandes sont collées, recouvre le tout de papier paraffiné et pose dessus de gros livres pour un bon collage.

9. Découpe un morceau de carton contrecollé de la largeur d'une photo (10 cm si tu as choisi des photos 10 x 15) et d'une longueur un peu supérieure (15,5 cm environ).

10. Replie la bande de photos comme dans l'étape 3 et la fig. 3.

11. Encolle le carton et place dessus le papier replié au maximum, pour que les colonnes n° 3 soient bien ajustées.

Lampe magique

Le ciel est plein d'étoiles,
Ma chambre est pleine d'ombre.
Mais la lampe s'allume :
Voici, chez moi, la lune.

MATÉRIEL

- **Des motifs décoratifs (pp. 141-142).**
- **Une lampe avec un abat-jour en papier ou tissu blanc.**
- **De la peinture acrylique.**
- **Un pinceau.**
- **Un crayon.**
- **Du papier calque.**
- **Des ciseaux.**
- **Du papier adhésif pour étagères ou tiroirs.**

MARCHE À SUIVRE

1. Peins l'intérieur de l'abat-jour et laisse-le sécher.

2. Dessine ou photocopie les motifs que tu veux utiliser. Découpe-les.

3. Place-les sur le papier adhésif et dessine leurs contours. Découpe le papier.

4. Peins la face non adhésive du papier de la même couleur que l'intérieur de l'abat-jour.

5. Retire le film protecteur du papier et colle les différents motifs à l'intérieur de l'abat-jour. De jour ils seront invisibles. On les verra seulement la nuit, quand tu allumeras ta lampe. Et alors, quel effet !

QUI VA-LÀ ?

Histoires de quelques crânes et de quelques têtes coupées

Bien des maisons tout à fait ordinaires sont des maisons hantées, même en plein jour. Mais les fantômes les plus connus ont plutôt tendance à fréquenter de vieux manoirs, des châteaux ou des abbayes. Beaucoup d'entre eux sont les fantômes d'hommes et de femmes décapités, les malheureux ! à la hache.

D'où ces histoires de têtes sans corps et de crânes qui hurlent leur douleur. Certaines maisons possèdent des crânes qui refusent tout simplement de s'en aller. Ainsi le crâne d'un prêtre catholique, exécuté pour trahison en 1641, réside au manoir de Wardley, près de Manchester. Après l'exécution, la tête fut exposée au manoir pendant de longues années. Quand un nouveau propriétaire voulut l'enterrer, de violents orages se déclenchèrent. On la jeta dans l'étang, mais elle réapparut dans le manoir.

Le crâne hurlant de Bettiscombe Manor, dans le Dorset, fit à peu près la même chose, en pire. On raconte que le crâne appartenait à un esclave de l'héritier du manoir. Le propriétaire avait promis qu'après la mort de l'esclave, il renverrait son corps en Afrique. Mais, oublieux de sa promesse, il le fit enterrer dans le cimetière de la paroisse. Alors, pendant des semaines, de mystérieux gémissements, puis des hurlements empêchèrent la famille de dormir. On ramena le corps de l'esclave dans le grenier du manoir. Bien des années plus tard, seul le crâne s'y trouvait et, quand on voulut l'emporter, des orages détruisirent les récoltes et tout le bétail périt. Profondément enterré à neuf pieds sous terre, le crâne remonta à la surface du sol. On le ramena au grenier, où il se mit à pousser des cris « comme un rat pris au piège », aux dires d'un des témoins. D'après des examens scientifiques, le crâne était d'origine préhistorique et provenait peut-être d'une sépulture sur laquelle le manoir aurait été construit.

Pour ce qui est de la quantité de fantômes décapités au mètre carré, la Tour de Londres est imbattable, tant d'exécutions ont eu lieu dans cette fameuse prison. Beaucoup de victimes étaient jeunes, comme Anne Boleyn, la deuxième femme d'Henri VIII, décapitée pour trahison. D'après certains, sa pâle silhouette hanterait les couloirs de la Tour et fréquenterait en particulier la chapelle où elle est enterrée. Margaret, comtesse de Salisbury, fut exécutée en 1541. Son fantôme, dit-on, court encore en hurlant autour de la Tour Verte, comme l'avait fait la pauvre Margaret avant d'être amenée au lieu de son exécution.

Draps célestes

Rien n'empêche une sorcière d'avoir une chambre joliment décorée. Si tu n'es pas encore capable de t'offrir un lit de roses d'un coup de baguette magique, tu peux au moins rêver de draps et d'oreillers célestes et les confectionner. À moins que tu ne préfères dormir en compagnie de mignonnes chauves-souris. Tout est possible.

MATÉRIEL

- Des dessins de chauves-souris, de lune, etc. (p. 61).
- Des draps et taies d'oreiller blancs ou de couleur unie.
- Des tampons encreurs avec de grands motifs simples.
- Du papier calque.
- Du papier carbone.
- Un crayon.
- 2 ou 3 barquettes alimentaires.
- Des ciseaux.
- Un pinceau mousse.
- De la peinture acrylique pour tissu.
- Du papier journal.

MARCHE À SUIVRE

1. Tu peux acheter des tampons encreurs, mais c'est amusant et facile à faire. Dessine un ou plusieurs motifs sur des morceaux de lino. Découpe au cutter suivant les contours. Colle chaque morceau sur un cube de bois. Et voilà ! Tu as fabriqué tes tampons.

2. Choisis les dimensions et l'emplacement du décor : une simple bande en lisière du drap et au bord de la taie ? Des motifs répartis sur tout le tissu ? De quelle couleur ? Bien. Tu as fait ton choix ? Au travail !

3. Commence par laver draps et taie, surtout s'ils sont neufs : la peinture prend mal sur l'apprêt d'origine.

4. Protège ton plan de travail avec des journaux.

5. Verse un peu de peinture dans une barquette et étales-en sur un tampon avec le pinceau mousse. Entraîne-toi sur une feuille de journal à bien tamponner et à évaluer la quantité de peinture nécessaire.

6. Commence avec une taie. Place à l'intérieur quelques feuilles de journal pour éviter que la peinture traverse. Tamponne où et comme tu l'as prévu. Laisse sécher et recommence, si tu le veux, sur une autre taie.

7. Étale le drap sur le plan de travail protégé par les journaux et procède comme pour la taie. Tu peux combiner les motifs, l'étoile à l'intérieur du cercle, par exemple, mais laisse sécher le premier motif avant de tamponner le second.

8. Fixe la peinture selon le mode d'emploi.

ET MAINTENANT, VA FAIRE TON LIT, COMME TA MÈRE TE L'A DEMANDÉ.

IL FAUT PARFOIS DU COURAGE À UN MAGICIEN

QUAND IL AFFRONTE L'INCONNU.

3

Chapitre

L'Art de l'horticulture

La mandragore est sans doute l'ingrédient essentiel des potions magiques. Tu trouveras dans ce chapitre une recette infaillible pour obtenir autant que tu veux de ces racines magiques.

Je t'expliquerai aussi comment planter un jardin d'herbes, y compris de celles qui sont capables d'attirer les fées et les elfes. Sans eux, ton monde magique ne serait pas complet. Une fois arrivés dans ton jardin, les petites gens pourront se reposer dans un pavillon construit exprès pour eux, admirer tes plantations ou encore danser au son d'un tambourin de ta fabrication.

Je les envie déjà.

Têtes réduites de mandragores

Avec le sang de dragon (recette p. 112), la mandragore est un ingrédient essentiel pour les potions et les sorts. Les têtes réduites de mandragore ont chacune leur personnalité; et leur air humain fait vraiment froid dans le dos. Si tu crains d'être exposé au cri mortel de la mandragore, tu peux toujours te mettre un serre-tête ou du coton dans les oreilles.

MATÉRIEL

- Une grosse pomme ferme (Boskop ou Granny Smith).
Un couteau de cuisine.
- Un couteau à pommes de terre.
- Une demi-tasse de sel (6 g environ).
- 2 cuillerées à café d'alun.
- De l'eau chaude.
- Un verre mesureur.
- Un grand bol.
- Une soucoupe (facultatif).
- 10 à 15 cm de fil de fer rigide.
- Des pinces.
- 60 cm de ficelle.

MARCHE À SUIVRE

1. Épluche la pomme, en laissant un peu de peau en haut et en bas (Fig. 1).

2. Avec le couteau à pommes de terre sculpte le visage à grands traits (Fig. 2). Affine le nez, creuse les yeux, fais une belle incision pour la bouche et dégage les oreilles. Les traits doivent être bien marqués : pense qu'en séchant la pomme va rétrécir.

3. Dissous le sel et l'alun dans le grand bol rempli d'eau chaude. Plonge la pomme dans l'eau et laisse-la tremper une nuit. Empêche-la de flotter en surface avec une soucoupe ou un objet plus lourd.

4. Retire la pomme du bol.

5. Prends le bout de fil de fer et, avec les pinces, fais une petite boucle à une extrémité du fil. Enfonce le fil à travers la pomme, de haut en bas. Replie ce qui dépasse du fil en bas pour bien fixer la pomme (Fig. 3).

6. Noue la ficelle à la boucle de fil de fer du haut. Accroche la pomme, au bout de la ficelle, dans un endroit sec et à l'abri de la poussière. Selon le degré d'humidité de la pièce, la pomme mettra de 2 à 3 semaines à sécher. Si tu es impatient, demande à un adulte de la faire sécher dans un four tiède (thermostat 3) pendant 7 à 8 heures.

Mandragores magiques, flore fabuleuse et plantes effrayantes

Comme le dit Hamlet, « il y a plus de choses au ciel et sur la terre que n'en a rêvé votre philosophie. » L'œuvre de mon bon ami William Shakespeare, est toute remplie de fées, de sortilèges, de magie. T'es-tu déjà demandé de qui il pouvait tenir ses informations ? Oui ? Non ? Eh bien maintenant, tu t'en doutes. Donc, comme j'allais le dire, devenir magicien c'est aussi apprendre à voir combien le monde qui nous entoure est étonnant.

Il y a sur la terre tant de choses vertes et qui poussent, que même moi je ne les connais pas toutes. Mais il y a un certain nombre de plantes, de fleurs et d'arbres, utilisés par les magiciens, dont tout apprenti doit savoir au moins parler.

La plante magique la plus connue est sans doute la racine de mandragore, la *Mandragora officinarum* ou *Atropa mandragora* des botanistes, utilisée comme anesthésique et dans la composition des philtres. On lui prêtait des vertus magiques parce que sa racine fourchue ressemble à un corps humain. En Allemagne, au XVIe siècle, les sorciers de la Forêt Noire mettaient des habits à ces racines comme à de petits hommes, ils les baignaient et leur donnaient à manger. On peut dire qu'ils jouaient à la poupée, mais très sérieusement.

Dans l'Orient antique, on croyait que la mandragore chassait les esprits malins. On fabriquait des fioles de verre qui épousaient exactement la forme de ses racines pour en capturer la puissance, comme un génie enfermé dans une bouteille. Certains faisaient croire que, si on posait une pièce d'or sur la racine, le soir, au matin on en retrouvait deux. Peut-être. Ce qui est sûr, c'est qu'en Italie, la famille Borgia utilisait la mandragore pour empoisonner lentement et discrètement ses ennemis.

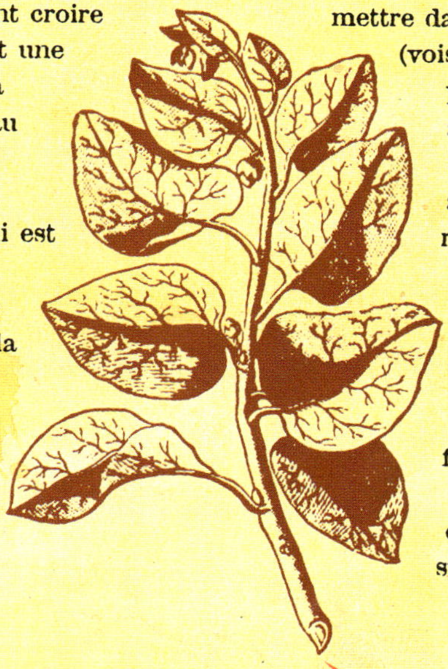

Les légendes disent encore que quand on arrachait la plante du sol, elle poussait un cri horrible et mortel, et qu'il fallait donc se boucher les oreilles. Pas facile, avec les mains occupées à tirer la plante. Heureux les sourds…

Ceux qui croient à la magie ont toujours considéré le sang de dragon comme l'ingrédient le plus puissant à mettre dans une mixture magique (vois ma recette personnelle p. 112). Mais il existe bien un arbre, le dragonnier (*Dracena drago*), dont, autrefois, la résine était recherchée. Cet arbre pousse en Espagne et sur l'île de Ténériffe, dans les Canaries. Il a un tronc énorme, ses branches pointent vers le ciel et ses feuilles acérées ressemblent à des épées. Quand on fait une entaille dans l'arbre, il en suinte une résine d'un rouge

sombre. D'où la légende du « sang » de dragon. La résine une fois durcie peut se sculpter. Des artisans en faisaient des « œufs de dragon » ou même de petits dragons. Et comme c'était une matière précieuse et recherchée, il y avait déjà beaucoup d'imitations sur le marché. Aujourd'hui, on utilise cette résine, le sang-de-dragon, pour colorer les vernis.

Ronsard et beaucoup de poètes ont chanté le parfum de la rose, « embaumant les jardins et les arbres d'odeur ». Mais il est des fleurs qui empestent, comme la Carrion flower des Anglais, c'est-à-dire la fleur-charogne. Elle a de jolies fleurs en forme d'étoile, tachetées de brun, mais, hélas ! elle sent la viande pourrie.

L'une des plantes les plus monstrueuses est l'Amorphophallus titanum. Sa fleur est la plus grande que l'on connaisse et, sans doute, celle qui sent le plus mauvais. Elle pousse à Sumatra et ne fleurit que tous les douze ans ou plus. La fleur elle-même (en réalité un ensemble de milliers de petites fleurs) mesure 1,80 m de haut et 3,70 m de circonférence. Au moment de la floraison, une espèce d'épi charnu se dresse au cœur de la corolle et dégage une odeur épouvantable, mélange de poisson pourri et de sucre brûlé. Heureusement, la fleur se fane en deux ou trois jours et elle meurt pour ne peut-être jamais renaître.

À toutes les époques, des voyageurs sont revenus de leurs lointaines expéditions avec des descriptions d'arbres fantastiques. Celle de l'Arbre au Poison par exemple, qui pousse sur des îles chinoises et émettrait des vapeurs capables de tuer plantes et animaux à des lieues à la ronde. Le malheureux qui s'endort sous son ombre ne se réveille jamais. D'anciens botanistes ont décrit un Arbre à Bernache, poussant sur l'île de Man, qui aurait donné naissance à des oiseaux.

Enfin, de nombreux voyageurs ont prétendu avoir vu un arbre géant là où se dressaient jadis Sodome et Gomorrhe, au bord de la Mer morte. D'après le récit de la Bible, Dieu avait fait tomber le feu du ciel sur ces deux villes et anéanti tous leurs habitants, pour les punir de leurs péchés. Voilà pourquoi l'arbre décrit par les voyageurs portait des fruits, appelés pommes de Sodome, qui devenaient cendre et fumée entre les mains de ceux qui essayaient de les cueillir.

Terrarium pour plantes carnivores

Sais-tu que certaines plantes avalent des insectes et même de la viande crue? On les appelle plantes carnivores. Elles se trouvent dans le commerce avec les plantes marécageuses. Il est très facile de réaliser un terrarium d'appartement où faire pousser ces plantes. Observe les et donne-leur à manger comme à de petits animaux de compagnie.

Normalement, les plantes puisent leur nourriture dans le sol par leurs racines. Les plantes carnivores, elles, sont comme des pièges vivants où viennent se prendre les insectes dont elles se nourrissent. Ainsi la Gobe-mouche (Dionaea) a des espèces de mâchoires qui se referment sur tout ce qui s'avance entre elles (y compris un doigt d'homme). Elle peut avaler jusqu'à trois mouches à la fois. La Rosée du soleil (Drosera), a des dizaines de minces tentacules gluants dans lesquels les insectes se prennent en quelques secondes. La Sarracénie pousse dans les marais. Elle a la forme d'une jolie cruche, mais l'insecte imprudent qui s'y introduit n'en ressort jamais. Il est irrésistiblement entraîné jusqu'au fond de la plante, où il est lentement digéré. Terrifiant, ou astucieux, selon le point de vue qu'on adopte.

MATÉRIEL

- **Un bocal de verre ou de plastique de 20 l environ.**
- **Des petits graviers.**
- **Un seau.**
- **De l'eau distillée ou de l'eau de pluie recueillie directement (l'eau du robinet et celle qui ruisselle du toit contiennent des minéraux nocifs pour ces plantes).**
- **De la tourbe.**
- **Du sable.**
- **Une grande cuillère.**
- **Des plants de gobe-mouche (Dionaea), rosée du soleil (Drosera), sarracénie (Sarracenia).**
- **Une tasse ou un arrosoir.**
- **Un morceau de bois ou un objet lourd (pour empêcher le bocal de bouger).**

4. Avec la cuillère, creuse 3 trous (Fig. 2). Places-y les 3 plantes, en prenant soin de recouvrir leurs racines.

MARCHE À SUIVRE

1. Lave et sèche le bocal. Couche-le et recouvre le fond d'une couche de graviers d'environ 1,5 cm d'épaisseur.

2. Prends un morceau de tourbe et plonge-le dans le seau rempli d'eau (de pluie ou distillée). Serre-le fort dans ta main pour en chasser l'air au maximum (Fig.1). Cela aide la tourbe à absorber et retenir l'eau ensuite.

3. Mélange la tourbe humide et le sable (2 volumes de tourbe pour 1 de sable) en quantité suffisante pour pouvoir étaler sur le gravier une couche de 5 à 7 cm d'épaisseur.
À l'état naturel, les plantes carnivores vivent sur des sols très pauvres ; n'ajoute donc aucun engrais, cela pourrait les faire mourir.

5. Avec la tasse ou l'arrosoir, verse environ 1/3 de litre d'eau (Fig. 3). Ces plantes ont besoin d'une atmosphère très humide. C'est l'eau qu'elles contiennent qui les rend rigides. Arrose régulièrement le sol tout en évitant d'en faire de la soupe. Ne ferme pas le bocal : il faut que l'air circule pour empêcher la moisissure.

6. Installe ton terrarium tout près d'une fenêtre, bien exposé à la lumière, plein sud, si possible. Empêche-le de bouger, par exemple en posant dessus un objet lourd.

7. Et maintenant, le repas des fauves ! Tu peux nourrir ta gobe-mouche avec de petits morceaux de viande crue que tu glisses dans ses mâchoires au bout d'un cure-dent, ou avec des mouches ou d'autres insectes que tu auras attrapés et que tu relâcheras dans le bocal.

8. Certaines plantes carnivores se mettent au repos (en « dormance ») chaque année. Elles se dessèchent, on les croit mortes. Il faut alors réduire l'arrosage et être patient. Si l'une de tes plantes fleurit, tu peux lui donner un peu d'engrais organique (émulsion de poisson ou cendre d'os, par exemple).

Alors une longue patte velue me frôla la main... ou

Les plus grosses araignées du monde ne sont pas mes amies

Nous autres magiciens avons presque toujours de bonnes relations avec les animaux, grands ou petits. Nous les traitons du moins avec respect. Et puis, qui sait si un jour nous ne pourrions pas avoir besoin de leur aide. Mais il y en a certains, je dois l'admettre, qui me retournent l'estomac. Par exemple, ces araignées que j'ai rencontrées au Brésil, où m'avaient invité des sorciers d'Amazonie.

Représente-toi une araignée velue, dont le corps mesure 8 cm et qui fait plus de 30 cm, pattes déployées. Ce monstre est capable d'avaler des grenouilles, des crapauds, des souris et même un serpent venimeux, le Fer-de-lance. Elle vit dans l'obscurité humide de la grande forêt amazonienne où l'on entend ses sifflements et ses cliquetis. Elle s'enfouit dans le tapis végétal de la forêt, où elle n'aime pas qu'on la dérange. Qui s'y frotte s'y pique (les poils de ses pattes sont pires que des orties), et peut même se faire mordre. Cette tarentule (Theraphosa blondi), c'est la Goliath, qu'on n'oublie jamais si on a eu le malheur de la rencontrer. Les Indiens l'adoraient comme une divinité.

D'autres variétés de tarentules, que les Anglais appellent araignées-loups, vivent dans le désert aussi bien que la jungle. Certaines espèces tissent d'énormes toiles, où viennent se prendre même des oiseaux. Les tarentules vivent longtemps. On en connaît une qui a atteint trente ans. Certains prétendent qu'on peut les domestiquer. Pour ma part, je n'ai jamais essayé de le faire.

SALE BÊTE !

Ne tue jamais une araignée. Cela, dit-on, porte malheur. Si tu en rencontres une qui te paraît dangereuse, et surtout si elle est plus grosse que toi, il n'y a qu'une chose à faire, crois-en un homme courageux: fuir.

UN MAGE VRAIMENT SAGE SAIT QUAND IL FAUT SE BATTRE ET QUAND IL VAUT MIEUX ESQUIVER LE COMBAT.

Cercle féerique

Si tu aménages joliment pour elles un coin de ton jardin, je suis sûr que tu auras la visite des fées. Mais, je te préviens, leur visite ne passera pas inaperçue. Si elles se retrouvent « au soir, sous la nuit brune », comme dit le poète, c'est pour chanter et « danser aux rayons de la lune ». Et cela fait du bruit...

MATÉRIEL

- Un râteau.
- Un bout de corde ou de ficelle de 2 à 3 m de long.
- Une petite pelle ou un déplantoir.
- Des plants de fleurs rouges et blanches. (*L'impatiens wallerana* convient parfaitement. Si tu en plantes en plein soleil, sache que tu devras arroser tous les jours.)
- Du gazon. (Le ray-grass pousse vite, mais, à l'ombre, la fétuque vient très bien. Dans tous les cas, demande conseil au vendeur.)
- De la paille.
- Un tuyau d'arrosage ou un arrosoir.

MARCHE À SUIVRE

1. Choisis un endroit semi-ombragé. Débarrasse-le des feuilles et des brindilles avec le râteau.

2. Avec la corde, forme un cercle ; sa taille dépend du nombre de plants de fleurs.

3. Retourne la terre à l'intérieur du cercle et casse les mottes avec la pelle. Égalise le sol avec le râteau.

4. Autour du cercle, creuse autant de trous qu'il y a de plants. Fais les trous plus grands que les pots, pour que les racines aient de l'espace. Mets un peu de terre meuble au fond de chaque trou. Enlève la corde.

5. Réfléchis à l'ordre dans lequel tu disposeras les fleurs, en alternant les couleurs ou en les regroupant, à ton goût.

6. Retire délicatement les plants de leurs pots et place-les chacun au centre d'un trou. Comble le reste du trou avec une partie de la terre meuble que tu as retirée. Assure-toi que les plants sont bien au niveau du sol (pas de monticules ni de cuvettes).

7. Sème les graines de gazon à l'intérieur du cercle, en suivant les instructions figurant sur le paquet. Recouvre ton semi d'une mince couche de paille.

8. Arrose abondamment les fleurs et la paille. Si le ciel ne s'en charge pas lui-même, maintiens l'ensemble humide pendant une semaine environ. Quand le gazon commence à sortir de terre, retire la paille. La place est prête. Les fées vont venir.

Limaces et escargots géants

Impossible de randonner avec eux

Si tu restes quelque temps dans un parc ou un jardin, tu finiras toujours par y remarquer des traînées brillantes, laissées par les limaces et les escargots. Je n'ai jamais entendu parler d'un magicien qui ait eu un escargot comme animal de compagnie, mais il peut toujours y avoir une première fois. Si les questions de taille t'intéressent, sache que l'escargot géant d'Afrique mesure jusqu'à 20 cm de long. C'est un gros mangeur, qui fait des ravages dans les pays tropicaux.

La limace-banane vient du nord-ouest du Pacifique. Elle peut dépasser les 25 cm de long et peser plus de 100 g. Évidemment, il faudrait lui jeter un sort très puissant pour qu'elle rattrape même une tortue. Si tu as besoin de te tirer rapidement d'affaire, utilise-la plutôt comme projectile que comme monture ; le temps que ton adversaire se débarrasse de toute sa bave, tu seras déjà loin.

DÉGOÛTANT, MAIS EFFICACE.

MAGIE BLANCHE

Plantes en pot

Si tu as envie d'un jardin qui plaise aux fées et éloigne les méchants trolls, voici les herbes et les fleurs qu'il te faut. Mets-les chacune dans un pot et tu pourras les déplacer comme tu voudras. Au fait, sais-tu qui est la plus grande de toutes les magiciennes, capable de faire un arbre immense avec une graine minuscule? C'est la Nature.

MATÉRIEL

- Des pots de fleurs. Des petits cailloux ou graviers.
- Du terreau.
- Une petite pelle ou une grande cuillère.
- Un arrosoir.
- Des paquets de graines de :
- Thym commun.
- Angélique.
- Aneth.
- Ail*.
- Pervenche.
- Souci.
- Belle de nuit**.
- Romarin.
- Rue.
- Herbe de St Jean.
- Marjolaine.
- Chardon.
- Verveine.

*Au lieu de graines, plante directement des gousses d'ail, le bout pointu vers le haut, à 3 ou 4 cm de profondeur et à 8 cm les unes des autres.

**C'est une plante grimpante. Place le pot près d'une palissade ou d'un treillis.

MARCHE À SUIVRE

1. Mets une petite couche de graviers au fond de chaque pot, pour le drainage (Fig. 1).

2. Remplis les pots de terreau jusqu'à 5 cm du bord (Fig. 2).

3. Ouvre un petit paquet de graines et répartis-les sur le terreau. Répète l'opération pour tous les pots. Pour ne pas confondre les plantes, quand elles auront poussé, pique dans le terreau une petite étiquette avec le nom de la plante.

4. Recouvre les graines d'une couche de terreau. La profondeur à laquelle les graines doivent être enterrées varie d'une plante à l'autre. Suis les instructions figurant sur les sachets.

5. Tasse délicatement le terreau à la main et arrose-le (Fig. 3).

6. Place les pots dans un endroit ensoleillé et arrose-les de temps en temps, pour maintenir la terre humide, sans plus. Plus tard, si tu as un jardin, tu pourra mettre tes plantes en pleine terre.

CHAQUE PLANTE A SES VERTUS PARTICULIÈRES.

AIL (*Liliaceae*)
Chacun sait que les vampires ne supportent pas l'ail. Mais il est très bon pour la santé des hommes. Les soldats romains mangeaient de l'ail avant le combat, pour se donner la force de faire reculer leurs ennemis. Et peut-être est-il effectivement impossible de résister à une armée dont tous les soldats empestent l'ail.

ANETH (*Anethum graveolens*)
L'aneth, qu'on appelle aussi fenouil bâtard, est une délicieuse herbe de cuisine. Son feuillage très léger passait pour protéger les enfants contre les fantômes.

Angélique (*Angelica archangelica*)
C'est la plus efficace de toutes contre les mauvais sortilèges, surtout par sa racine. Elle fleurit en mai, au moment où l'on fêtait autrefois Saint Michel Archange. Sa tige est parfumée ; on en fait des confiseries. L'angélique peut atteindre 1,20 m ; elle aime les endroits semi-ombragés et a besoin d'humidité.

Belle de nuit (*Ipomoea alba, Calonyctin aculeatum*)
La lune joue un rôle si important dans toutes les légendes qu'il est normal de faire pousser dans ton jardin de magicien cette « fleur de lune », comme l'appellent les Anglais. C'est une plante grimpante aux feuilles en forme de cœur. Ses énormes fleurs blanches ne s'ouvrent que la nuit et dégagent un délicieux parfum de clou de girofle. Pour que ses graines s'ouvrent et germent plus facilement, donne-leur un petit coup de lime à bois après les avoir laissé tremper dans l'eau une nuit.

Chardon (*Cnicus benedictus*)
Pendant une épidémie de peste, l'empereur Charlemagne pria Dieu de l'aider à soulager les victimes. D'après la légende, Dieu dit à l'empereur de lancer vers le ciel une flèche qui retomberait sur une plante capable de l'aider. La flèche, dit-on, tomba sur le chardon.

Herbe de Saint-Jean (*Hypericum perforatum*)
On l'appelle aussi mille-pertuis (pertuis veut dire trou en ancien français), parce que ses feuilles, pleines de petites poches translucides, paraissent criblées de trous. Dans l'île de Wight, on disait que marcher sur l'herbe de Saint-Jean la nuit faisait surgir un cheval magique qui vous emportait sur son dos. Une variété de mille-pertuis avait la réputation de forcer les serrures et d'ouvrir la porte des trésors cachés.

Marjolaine (*Origanum majorana*)
Encore une plante que détestent les méchantes sorcières. Mais c'est surtout une épice délicieuse.

Pervenche (*Vinca minor*)
C'est une jolie fleur, bleu-mauve, qui pousse au ras du sol et aime l'ombre. On la disait efficace contre les esprits malins, surtout quand on l'avait cueillie au clair de lune.

Romarin (*Rosmarinus officinalis*)
Autrefois, en Italie, on disait que, quand on regarde un buisson de romarin assez longtemps, on finit par en voir sortir une fée. Le romarin, qui pousse en abondance dans les collines provençales, aime bien le soleil. Il a de petites fleurs bleu lavande. On utilise ses feuilles très parfumées comme assaisonnement.

Rue (*Ruta graveolens*)
Les feuilles de la rue ressemblent à celles de la fougère, mais elles n'en ont pas le parfum ; graveolens veut dire : qui sent mauvais ! Autrefois, certains villageois comptaient, semble-t-il, sur son odeur désagréable pour éloigner les étrangers, dont ils se méfiaient.

Souci (*Tagetes*)
Les esprits méchants qui ne sortent que la nuit détestent la lumière. Aussi la fleur du souci, couleur du soleil, est-elle excellente contre eux. Pour que la plante continue à fleurir, pense à la débarrasser des fleurs fanées.

Thym commun (*Thymus vulgarisa*)
Les abeilles aiment le thym. Les fées aussi. C'est une herbe vivace, qui a des feuilles minuscules et très parfumées et de petites fleurs d'un violet pâle. C'est un très bon condiment.

Verveine (*Verbena officinalis*)
Les Grecs l'appelaient l'herbe sacrée. Les druides gaulois aussi la vénéraient, et sa cueillette était une vraie cérémonie. Les prêtres attendaient le lever de Sirius, un jour sans lune. Ils versaient du miel autour de la plante ; puis ils la coupaient et l'agitaient en l'air, en ne se servant que de la main gauche. Peut-être l'utilisaient-ils ensuite comme nous aujourd'hui : pour en faire une bonne tisane aux vertus calmantes.

Le pavillon des fées

Les fées qui vivent dans ton jardin seront ravies que tu leur construises un petit pavillon de verdure. Pour bâtir son armature, suis les indications que je te donne dans ces deux pages. Pour la décoration, sers-toi des fleurs et des feuilles de ton jardin.
Et si, un beau matin, tu as l'impression que ton pavillon a été ravagé par un cyclone pendant la nuit, ne t'étonne pas : les soirées organisées par les fées sont parfois très animées.

MATÉRIEL

- Un sécateur.
- Un couteau de poche.
- Du raphia ou de la ficelle.

MARCHE À SUIVRE

1. L'armature du pavillon sera faite de branches. Tu en trouveras en te promenant. Ramasse des branches mortes : les fées n'aiment pas que l'on coupe des branches vivantes. Choisis 4 branches en forme d'Y, d'environ 1,5 cm de diamètre et 50 cm de long, qui serviront de poteaux, et une bonne quantité de branches plus fines, de même longueur environ, qui serviront à faire le toit.

2. Taille les 4 futurs poteaux au sécateur ou au couteau (fig. 1). L'une des deux branches de l'Y doit faire de 10 à 15 cm, l'autre de 2 à 3 cm : c'est sur elle que reposera la base du toit (voir fig. 3). Coupe les 4 poteaux à la même longueur : c'est elle qui déterminera la hauteur de ton pavillon.

3. Taille en pointe la base de chaque poteau avec ton couteau. Tiens bien le couteau d'une main et le poteau de l'autre. Taille à petits coups en faisant tourner progressivement le morceau de bois pour obtenir une forme régulière, comme un gros crayon (fig. 2). ATTENTION ! Jamais de coups de couteau vers toi, mais toujours dans l'autre sens.

4. Enfonce un poteau droit dans le sol (profondeur : 5 à 8 cm). Enfonces-en un second de manière à ce que les deux se croisent à 2 ou 3 cm de leur sommet, pour former comme une charpente. Attache-les avec du raphia ou de la ficelle là où ils se croisent. Ce sera le devant du pavillon. Répète l'opération avec les deux autres, à 20 ou 30 cm de distance : ce sera l'arrière du pavillon.

5. Taille les autres petites branches à la longueur du pavillon plus 2 ou 3 cm à chaque extrémité. Pose-les les unes sur les autres jusqu'à ce qu'elles forment le toit, avant décoration (fig. 3).

6. Recouvre le toit de feuillages et de fleurs en coinçant les tiges entre les branches (fig. 4). Des morceaux d'écorce récoltés sur des arbres morts font aussi d'excellentes tuiles.

7. Tapisse le sol du pavillon de feuilles ou d'écorces. Pour un sol plus résistant, tu peux prendre des cailloux. Et pourquoi pas une belle pierre plate, pour marquer le seuil ?

8. Tu veux être très gentil avec tes amies les fées ? Des cupules de glands feront des tasses, de la mousse épaisse, un lit moelleux et quelques brindilles bien rangées, une provision de bois.

Habitants du monde merveilleux

Les elfes, les lutins, les farfadets, les gnomes, les nains, les trolls sont tous des êtres féeriques que seuls les humains les plus doués sont capables de voir. Ce sont les habitants du monde merveilleux où vivent aussi les fées. Certains n'en sortent pas et restent éternellement jeunes ; d'autres vivent parmi les hommes. Mais ils ne se montrent jamais à des gens qui se moqueraient d'eux ou, pire, qui ne croiraient pas à leur existence. Pour ma part, j'en ai rencontré dans tous les pays du monde où j'ai voyagé. On m'a présenté des djinns en Arabie et des kobolds en Allemagne. En Perse, j'ai fréquenté quelques péris ensorcelantes, et j'ai dansé en Bretagne avec les korrigans. Mais je connais mieux ceux qui habitent de l'autre côté de la Manche, de la Cornouaille à l'Écosse. Ceux-là, on peut parfois s'attirer leurs bonnes grâces par un cadeau bien choisi accompagné d'un peu de lait sucré. Et quand ils sont devenus vos amis, ils sont souvent très généreux. Les cadeaux des nains peuvent ainsi se transformer en or. En Écosse, il y a des lutins qui se chargent pendant la nuit de tout le travail de la maison chez les gens qui les ont bien accueillis.

Tu voudrais bien rencontrer toi aussi ces êtres surnaturels ? Voici quelques conseils. D'abord être très calme. Les lutins que les Irlandais appellent leprechauns disparaissent au moindre bruit. Peut-être ont-ils peur qu'on veuille leur dérober les fameuses marmites d'or qu'ils enterrent au pied des arcs-en-ciel. Si des bagues et des bijoux se mettent à disparaître mystérieusement de chez toi, il y a peut-être des nains dans les environs : on connaît leur goût pour l'or et les pierres précieuses. Tu entends des bruits de pelle et de pioche dans le sous-sol de ta maison ? Il s'agit probablement de gnomes. Leur passe-temps favori est la chasse aux trésors souterrains. Pour augmenter tes chances de rencontrer un de ces habitants du monde de la féerie, munis-toi d'un trèfle à quatre feuilles et observe bien leur arbre préféré, l'aubépine. Sois patient ; le temps passe très lentement dans le monde surnaturel. Deux heures là-bas peuvent durer deux siècles chez nous.

Généralement, ces gens-là aiment les enfants des hommes. Parfois ils en enlèvent un et le remplacent par un des leurs. Les spécialistes appellent ces enfants échangés des *changelings*. Ils se repèrent assez facilement, avec leur grosse tête hirsute et franchement laide. Et puis, ils ont beau manger comme des gloutons, ils ne grandissent pas ; et ils pleurent sans arrêt. Prudence tout de même : si tu trouves que ta petite sœur ou ton petit frère ressemble beaucoup à un *changeling*, attends un peu avant de t'inquiéter et de prévenir tes parents. Même un futur brillant magicien peut se tromper.

Tambourin des fées

Même les fées les plus timides ne pourront résister à la douce sonorité et au délicat parfum de ce tambourin merveilleux.

MATÉRIEL

- **Des plantes que tu puisses tresser. Plusieurs tiges d'environ 60 cm.**
- **Du fil de fer.**
- **Une bouteille aussi grosse que possible.**
- **Environ 4 m de ruban de 3 cm de large.**
- **Un mètre souple de couturière.**
- **Des ciseaux.**
- **4 grelots.**
- **Herbes et fleurs diverses.**

MARCHE À SUIVRE

1. On trouve des couronnes dans le commerce. Mais les fées préfèrent celles que l'on fait soi-même. Enroule les tiges souples plusieurs fois autour de la bouteille. Entrecroise-les pour qu'elles restent serrées.

2. Quand la couronne est assez épaisse pour que tu puisses la tenir en main (voir l'illustration), resserre l'ensemble avec 4 ou 5 bouts de fil de fer noués autour de la couronne.

3. Coupe 4 morceaux de ruban d'environ 60 cm chacun.

4. Enfile un des rubans dans l'anneau d'un grelot et noue-le à peu près à mi-longueur. Attache le ruban avec un nœud double sur la couronne. Répète l'opération pour les 3 autres rubans, en laissant sur la couronne un espace libre pour pouvoir la tenir bien en main (voir l'illustration).

5. Prends le reste du ruban. Noue une des extrémités à un endroit quelconque de la couronne, puis enroule le ruban tout autour de la couronne. Quand tu es revenu au point de départ, refais un nœud et laisse flotter le bout qui dépasse.

6. Décore ta couronne-tambourin avec des herbes et des fleurs fraîches ou sèches.

Chapitre 4

L'ART DE L'ÉLEVAGE

Tout magicien doit avoir sa pharmacopée personnelle. Franchement, je te le demande, comment peut-on jeter un sort convenablement sans un oeil de triton ? Si tu ne sais pas comment te procurer tel ou tel ingrédient indispensable, voici quelques unes de mes recettes préférées pour en fabriquer.

Un magicien avisé doit aussi en savoir le plus possible sur les animaux fabuleux. Cela lui évitera, par exemple, de tuer un dragon qui lui paraît menaçant, alors que la pauvre bête avait seulement envie de se faire griller des marshmallows. Tu trouveras dans les pages qui suivent un guide absolument sûr qui décrit l'apparence, le comportement et l'habitat des plus connus parmi ces animaux fabuleux.

Chez toi ou en voyage, fais connaissance avec les animaux qui t'entourent.

Les animaux sentent si on les aime. Sois aimable avec eux.

Grand guide des animaux fabuleux

Les magiciens ont besoin d'informations précises et fiables sur les animaux fabuleux qu'ils pourraient rencontrer. À quoi ressemblent-ils? Où vivent-ils? Sont-ils dangereux?

POUR ENTREVOIR CERTAINES DE CES INSAISISSABLES CRÉATURES, REGARDE LA PAGE PRÉCÉDENTE...

Amphisbaena
Espèce de serpent à deux têtes, l'une au bout de son cou, l'autre au bout de sa queue, indépendantes l'une de l'autre. L'une peut dormir pendant que l'autre a les yeux ouverts. L'amphisbaena a des pattes griffues; pour se déplacer, il met une de ses têtes dans la gueule de l'autre, forme une espèce de cerceau et roule sur lui-même. Il préfère, pour cette raison, les terrains plats.

Basilic
Monstre dont le regard est mortel. Il a un corps en forme de serpent, deux pattes griffues, un bec d'oiseau et des ailes sans plumes. Pour s'en débarrasser, le plus simple est de lui tendre un miroir: il se tue lui-même en se regardant. On le trouve dans les donjons sombres, les déserts, là où aucune flaque d'eau ne risque de lui renvoyer son image.

Cheval de mer
Long de 12 à 30 m, avec une tête de cheval, c'est un lointain cousin de l'hippocampe. Il a une peau lisse, de beaux grands yeux et une longue crinière. Malgré sa taille, il se déplace très vite. Il y a des courses de chevaux de mer dans les clairières du fond de l'océan.

Griffon
Né du croisement du lion et de l'aigle, il a le corps, la queue et les pattes arrière du lion, les ailes et les serres de l'aigle. Le griffon s'attaque à de très gros gibiers, comme l'éléphant, le tigre et le rhinocéros. Il se construit des nids immenses, faits de branches d'arbres, au sommet des montagnes, en particulier dans le Caucase. Il figure souvent dans le blason des familles royales.

Guivre
La guivre, ou vouivre, est un animal à corps de serpent, avec des ailes de chauve-souris et des pattes de pourceau. Elle aussi figure sur certains blasons. Les guivres aiment bien affronter des chevaliers en combat singulier. On les trouve dans les régions où elles espèrent rencontrer des adversaires à leur taille.

Hippocampe
Petit animal de couleur verte, qui habite au fond des mers où il se nourrit d'algues. Il a une tête, une crinière et un poitrail de cheval, des pattes antérieures palmées et griffues, des nageoires et une queue de poisson. L'hippocampe, très timide, est difficile à rencontrer. Il vit en troupeaux au large des côtes d'Europe, de la Baltique à la Norvège.

Kraken
Le plus redoutable des monstres marins. Ce cousin du calmar géant est carnivore. Sa tête, pourvue d'un bec, est

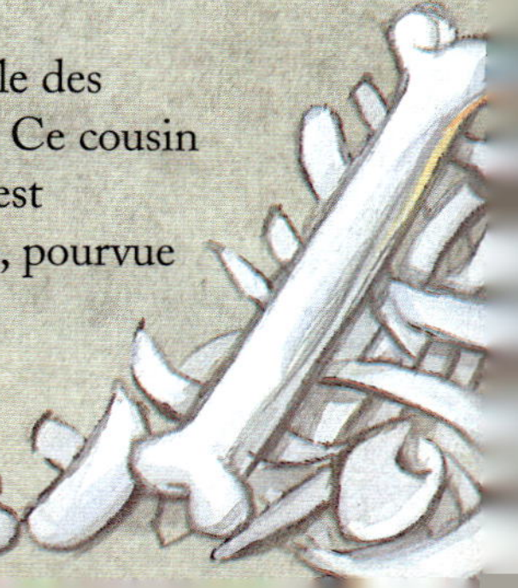

effrayante à voir. Avec ses huit énormes tentacules tous couverts de ventouses et ses deux bras supplémentaires, il est capable d'entourer et de faire éclater la coque d'un bateau de pêche. Le kraken dort parfois mille ans avant de remonter de la profondeur des abîmes jusqu'à la surface de l'océan pour faire ses ravages.

Licorne
La licorne est un cheval blanc portant sur le front une corne unique (les Anglais l'appellent *unicorn*). Cette corne a des pouvoirs merveilleux : réduite en poudre, c'est un antidote contre tous les poisons ; utilisée comme gobelet, elle change de couleur si on y verse un breuvage mortel. On n'apprivoise pas la licorne, mais elle peut venir d'elle-même se poser sur les genoux d'une jeune fille assise au cœur de la forêt et s'endormir là paisiblement.

Mantichore
Monstre terrestre, qui a un corps de lion et un visage d'homme, mais avec une triple rangée de dents. Sa queue est comme celle d'un scorpion. Il a des dards venimeux. Il fréquente plutôt les ruines du Moyen-Orient, mais aime aussi dormir sur des tapis. Si tu vois quelque part un tas d'ossements desséchés et si tu entends en même temps un son étrange ressemblant à celui d'une cornemuse ou d'une trompette, déguerpis ! Le mantichore n'est pas loin.

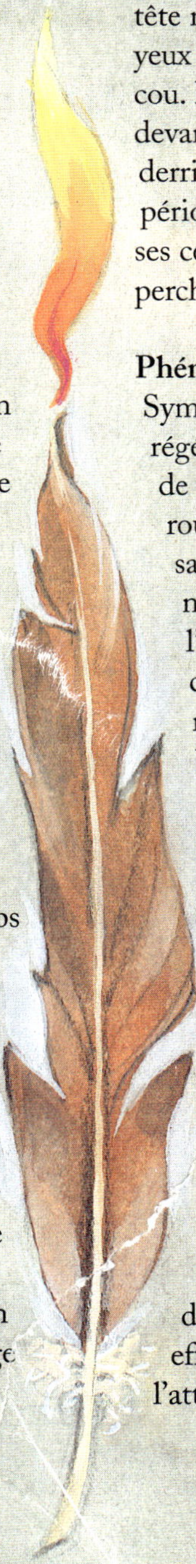

Ortus
Cousin du phénix, c'est un oiseau à tête rouge et face blanche, avec des yeux noirs et des raies dorées sur le cou. Il a quatre pattes. Celles de devant sont blanches, celles de derrière noires. Il prend feu périodiquement et renaît aussitôt de ses cendres. On le trouve souvent perché

Phénix
Symbole de renaissance et de régénération, le phénix est un oiseau de taille moyenne, au beau plumage rouge et or. Quand il vieillit et que sa fin approche, il se construit un nid fait de plantes aromatiques. À l'aube de son dernier jour, il chante au soleil levant, déploie et replie ses ailes et s'enflamme brusquement. De ses cendres encore chaudes naît presque immédiatement un nouveau phénix. On retrouve le phénix dans le monde entier, partout où renaissent la vie et l'espoir et particulièrement dans le bureau d'un certain directeur d'école…

Tourc'h
C'est un grand sanglier blanc magique qui ravageait les campagnes bretonnes du temps du Roi Arthur. Malgré tous ses efforts, le roi ne réussit jamais à l'attraper, car Tourc'h disparaissait dans les marais du Yeun, qui étaient, pour les Celtes, l'entrée des Enfers.

Triton
Mi-hommes mi-poissons, les tritons ont un buste couvert d'écailles, une queue de poisson, des griffes et des dents très pointues. Ils aiment bien s'amuser, faire de la musique en soufflant dans des conques et chevaucher les vagues. Parfois, pour vivre parmi les hommes, ils remplacent leur queue de poisson par deux jambes. On les trouve partout où l'on peut jouer avec les vagues, de la côte basque à Hawaï.

Yale
Se rencontre en Inde, près des temples. Il en est le gardien. C'est un quadrupède muni de défenses recourbées et de cornes acérées, représenté sur certaines armoiries. De nos jours, on le trouve près des lieux considérés comme sacrés, mais il se laisse voir très difficilement, comme tous les animaux fabuleux.

Ziphius
Le ziphius a la forme générale d'un poisson, mais avec un bec pointu, et qu'il fait claquer bruyamment, au bout de son énorme tête. Ce monstre, plus gros qu'une baleine, s'attaque aux navires, qu'il peut fracasser en quelques instants. Il vit dans tous les océans, mais les océans sont si vastes qu'il y a peu de chance que tu en rencontres un. Et d'ailleurs, en aurais-tu envie ?

Monstres des profondeurs

Même si tu n'habites pas au bord de la mer, tu as sans doute entendu de drôles d'histoires sur les créatures étranges qui vivent dans l'océan. On en raconte depuis toujours, mais aujourd'hui les gens sont incrédules. Il y a tout de même des savants (on les appelle des cryptozoologistes) qui pensent qu'il y a du vrai derrière les légendes. Ils font des recherches sérieuses sur les animaux fabuleux. (Nous autres magiciens aurions pu les aider, si ces messieurs avaient seulement pensé à s'adresser à nous. Mais passons...)

Dans l'*Odyssée*, Ulysse rencontre un animal de cauchemar, une espèce de pieuvre avec des crocs. Après Ulysse, bien des navigateurs ont dit avoir vu des monstres de ce genre, que les Norvégiens appellent des krakens. Ainsi en 1753, l'évêque de Bergen, en Norvège, décrit un monstre «plein de bras», assez gros pour broyer la coque d'un vaisseau de guerre. Eh bien, on sait aujourd'hui qu'il existe effectivement un calmar géant, à dix «bras», de 18 à 20 m d'envergure. Plus long qu'un autobus! Sa tête énorme a une forme conique, avec des yeux aussi gros qu'une tête d'homme. Son bec ressemble à celui d'un perroquet, en 20 fois plus gros et plus puissant: il est capable de sectionner un filin d'acier. Ce calmar géant dispose de deux énormes tentacules dont les ventouses monstrueuses ont la taille d'une assiette. Les savants l'appellent *Architeuthis* (calmar-en-chef ou super-calmar) et pensent qu'il peut en exister des spécimens plus grands encore dans les fosses les plus profondes de l'Océan Pacifique.

N'oublions pas, bien sûr, le monstre du Loch Ness, affectueusement baptisé Nessie. Il court beaucoup de légendes sur les habitants aquatiques des lacs du nord de l'Écosse, et on parle de Nessie dès le VIe siècle de notre ère. Le Loch Ness est le plus grand lac de Grande-Bretagne. Il fait plus de 300 m de profondeur, ses eaux sont troubles, avec, en plus, une immense grotte près du fond. En somme, un lac idéal pour une créature timide comme Nessie. Ceux qui l'ont vue, ou qui croient l'avoir vue, disent qu'elle a un long cou effilé qui se dresse à près de 2 m au-dessus de l'eau et se termine par une petite tête semblable à celle d'un serpent, avec une grosse bosse. Sa longueur totale est d'environ 10 m. Elle a des nageoires qui ressemblent à celles d'un dinosaure aquatique, le *Plesiosaurus*, qui a disparu du reste du monde. Alors, Nessie existe-t-elle vraiment? On peut seulement dire que, jusqu'ici, elle a échappé aux recherches de tous les savants, même équipés de sous-marins. Tant mieux pour elle. Si elle existe.

MÊME UN MONSTRE
À BESOIN D'INTIMITÉ
PARFOIS.

La pharmacopée du magicien

Une sorcière ou un sorcier digne de ce nom a besoin de toutes sortes d'ingrédients pour concocter ses potions et jeter des sorts efficaces. Voici quelques recettes pour te fabriquer quelques unes de ces choses difficiles à trouver dans le commerce, comme les yeux de tritons. Pour les conserver, nettoie et mets de côté des flacons, des bocaux et des bouteilles de formes et de tailles variées. Pour fermer tes récipients, utilise des bouchons de liège. Certains articles trouveront leur place dans la mallette de voyage que je te propose p. 87, bien pratique quand il faut partir en urgence.

Haleine de narval

(ou Bulles de sirène)

Le narval est un étrange animal des mers arctiques. Une de ses dents grandit démesurément et devient une longue défense toute droite. D'où son surnom de licorne des mers. Quant aux sirènes, sais-tu qu'elles font des bulles dans l'eau, tout comme toi ?

MATÉRIEL

- Du papier-bulle à grosses bulles.
- Des ciseaux.

MARCHE À SUIVRE

1. Découpe les bulles une à une, en évitant de les crever.

2. Fais-les éclater sous l'eau quand tu prendras ton bain.

Cornes de jeunes licornes

Ne t'inquiète pas ; la préparation de cette recette n'a jamais fait le moindre mal à une licorne vivante : quand elles sont petites, les licornes perdent leur corne naturellement tous les mois. Leur corne définitive ne pousse qu'à l'âge adulte. Il est très difficile, aujourd'hui, de trouver une jeune licorne. D'où ce produit de remplacement.

MATÉRIEL

- Pâte à modeler à cuire, couleur argent.
- Une feuille de papier d'aluminium.

MARCHE À SUIVRE

1. Pétris une boule de pâte jusqu'à ce qu'elle soit tiède et molle.

2. Prends un petit morceau de pâte (de quoi faire une assez grosse bille). Roule-le dans tes mains et fais-en un long et mince rouleau. Fais 2 autres rouleaux de mêmes dimensions.

3. Tiens les 3 rouleaux ensemble, à une de leurs extrémités et tords-les en spirale. Étire-les et effile-les pour donner à l'ensemble la forme d'une corne (voir l'illustration en haut de la page).

4. Fais autant de cornes que ton morceau de pâte te le permet.

5. Avec l'aide d'un adulte, place les cornes sur la plaque de four recouverte de papier d'aluminium et fais-les cuire en suivant le mode d'emploi.

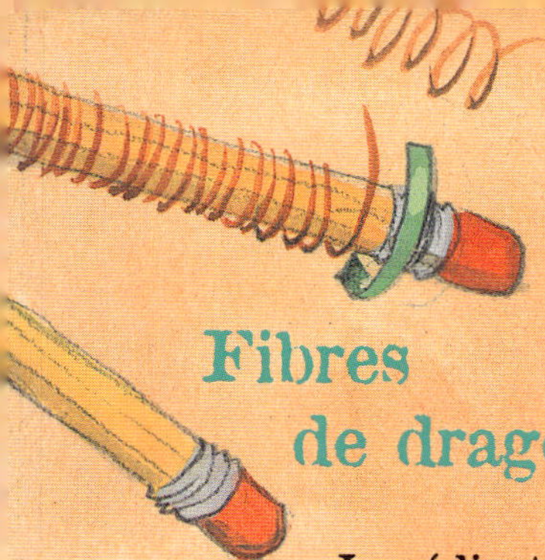

Fibres de dragon

Ingrédient essentiel de maintes potions, liées au courage, à la force et à la loyauté, les fibres de dragon doivent figurer en bonne place dans les réserves d'un magicien.

MATÉRIEL

- Du fil de cuivre ou de laiton.
- Un crayon.
- Des ciseaux solides.

MARCHE À SUIVRE

1. Découpe 8 longueurs de fil, d'environ 50 cm chacune.

2. Enroule une longueur de fil autour du crayon en serrant bien. Laisse environ 2 cm non enroulés. Répète l'opération avec les 7 autres longueurs.

Yeux de triton

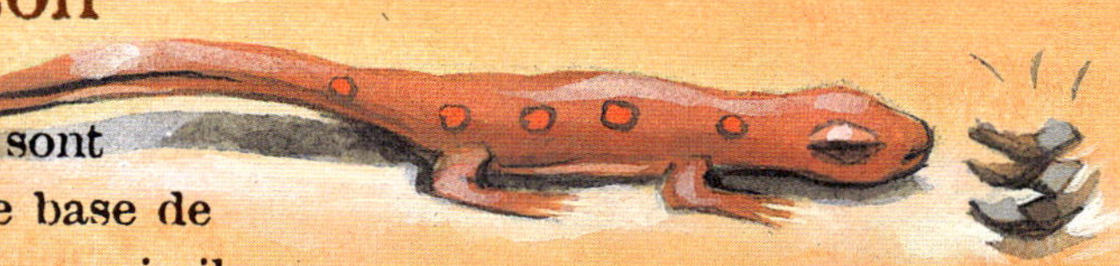

Les yeux de triton sont l'assaisonnement de base de beaucoup de potions, mais ils ont une fâcheuse tendance à vous glisser entre les doigts. Pour les tenir en place, enfile-les sur une ficelle. Tu pourras les retirer un à un, ou utiliser le tout comme un bracelet magique.

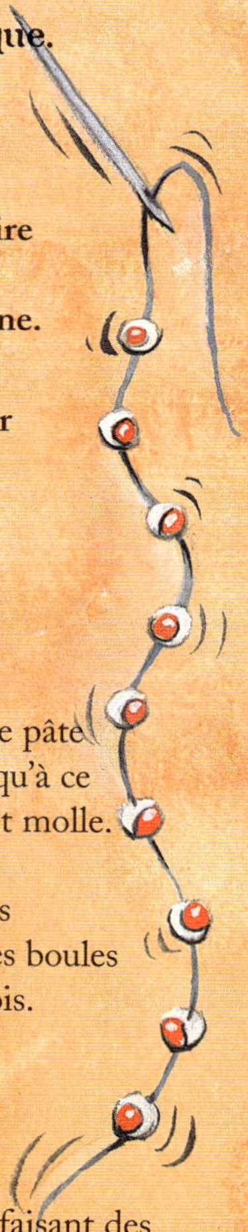

MATÉRIEL

- Pâte à modeler à cuire blanche et rouge.
- Un couteau de cuisine.
- Une grosse aiguille.
- Une feuille de papier d'aluminium.
- Du fil pour collier.

MARCHE À SUIVRE

1. Pétris le morceau de pâte à modeler blanche jusqu'à ce que la pâte soit tiède et molle.

2. Prends-en des petits morceaux et fais-en des boules de la taille de petits pois. Mets-les de côté.

3. Répète les opérations 1 et 2 avec la pâte rouge, mais en faisant des boules plus petites que les blanches.

4. Place une boule rouge sur une boule blanche, enfonce-la dedans et arrondis le tout pour faire une espèce d'œil blanc avec une pupille rouge.

5. Répète l'opération avec toutes les autres boules.

6. Avec l'aiguille, transperce chaque boule dans sa partie blanche. Recommence dans l'autre sens pour élargir le trou.

7. Avec l'aide d'un adulte, place les boules dans le four sur la plaque recouverte de papier d'aluminium. Fais-les cuire en suivant le mode d'emploi.

8. Enfile un fil dans l'aiguille. Fais un nœud à une extrémité. Enfile toutes les boules sur le fil. Si tu veux t'en faire un bracelet, utilise plutôt un fil élastique.

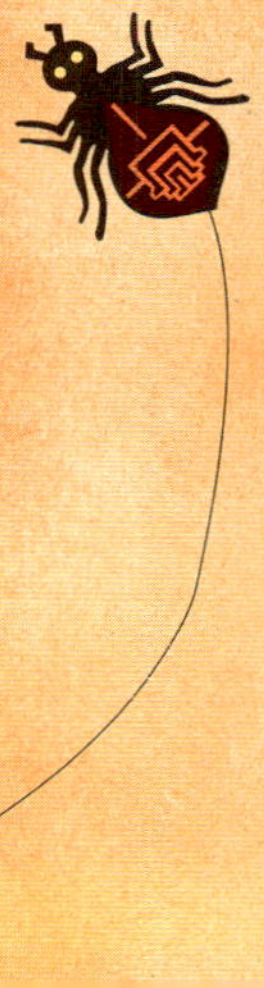

Écailles de dragon

Les dragons ont un grand pouvoir magique, ce qui fait de leurs écailles un des ingrédients les plus intéressants pour les préparations des magiciens. Comme les serpents, les dragons font régulièrement leur mue : leurs écailles tombent une à une avant de repousser.

MATÉRIEL

- Des pommes de pin sèches et ouvertes.
- Des ciseaux.
- De la peinture métallisée.
- Un petit pinceau.
- Des feuilles de papier journal.

MARCHE À SUIVRE

1. Découpe les écailles des pommes de pin.

2. Protège ton plan de travail avec du papier journal et peins les écailles une à une sur une face. Laisse-les sécher avant de peindre l'autre face.

Mallette de rangement

Une mallette idéale pour les œufs de dragon, et parfaitement adaptée au rangement des yeux de triton ou des bulles de sirène.

MATÉRIEL

- Une boîte à œufs en carton.
- De la peinture de différentes couleurs.
- Un pinceau.
- Des perles ou des pierres rondes de couleurs variées.
- De la colle blanche.

MARCHE À SUIVRE

1. Peins la boîte à œufs à l'extérieur et à l'intérieur, avec deux couleurs ou plus. Laisse sécher.

2. Colle les perles ou les pierres rondes sur le dessus et les bords du couvercle.

Crapaudière

Tu n'as pas encore rencontré le gentil crapaud dont tu rêves comme animal de compagnie ? Patience. En attendant, construis-lui un abri élégant dans ton jardin. Les gentilshommes habitaient des gentilhommières, ton crapaud aura sa crapaudière.

MATÉRIEL

- Des photocopies de motifs de la p. 142.
- Un pot de fleurs en terre de taille moyenne.
- 6 petits pots de fleurs (de 3 à 5 cm de diamètre), avec un trou de drainage.
- 2 baguettes cylindriques d'environ 40 cm de long et de même diamètre que les trous de drainage.
- Du papier carbone.
- Un vieux crayon-bille.
- De la peinture acrylique blanche et d'autres couleurs de ton choix.
- Un pinceau.
- Une truelle ou une grande cuillère pour remuer la terre.
- Un petit morceau de plastique ou de vinyle rouge.
- Un marqueur permanent à pointe fine.
- Des ciseaux.
- De la colle.

MARCHE À SUIVRE

1. Nettoie les pots et laisse-les sécher.

2. Photocopie les motifs que tu veux reproduire. Pour les transférer sur les pots, place la feuille de papier carbone face bleue contre le pot et, par dessus, le motif à reproduire. Repasse sur les contours du motif avec le crayon-bille, en appuyant fort pour que le dessin s'imprime sur le pot.

3. Peins d'abord les motifs en blanc. Laisse sécher et repeins-les ensuite en couleurs. Le fond blanc permet d'obtenir des couleurs plus vives.

4. Choisis un endroit abrité, sous un buisson. Enterre à moitié le grand pot (voir l'illustration) et tapisse le sol de brindilles et de feuilles mortes.

5. Et maintenant, les tours de la crapaudière. Enfonce les 2 baguettes dans le sol, à droite et à gauche du pot à moitié enterré. Enfile 3 petits pots sur chaque baguette, comme sur l'illustration. Arrange-toi pour que la baguette dépasse du dernier pot d'environ 5 cm.

6. Après les tours, les oriflammes (les drapeaux). Avec le marqueur, dessine sur le plastique ou le vinyle rouge 2 triangles très allongés. Découpe ces triangles et enjolive-les, si tu veux, de dessins au marqueur.

7. Encolle la partie du triangle qui doit être fixée à la baguette et enroule-la autour de cette baguette.

8. Surveille ta crapaudière. Si les brindilles et les feuilles ont été déplacées, c'est peut-être qu'un crapaud est venu. Et, dans ce cas-là, la sorcière-jardinière-en-chef a bien de la chance : les crapauds sont de grands consommateurs d'insectes nuisibles.

ILS CHERCHENT LE SILENCE ET L'HORREUR DES TÉNÈBRES...

Chats, corbeaux et autres compagnons

Es-tu de ceux qui croient que les chats noirs portent malheur ? Ou que le corbeau est un oiseau de mauvais augure ? Si oui, tu as intérêt à lire ce qui suit. Tu verras qu'en d'autres temps et d'autres pays, les croyances étaient parfois bien différentes.

On a toujours considéré le chat comme le plus magique des animaux, en bien ou en mal. Les Égyptiens l'adoraient et ils portaient des amulettes à son image. Leur déesse Bast avait une tête de chatte. Chez les Romains, le chat symbolisait la liberté, et les Grecs croyaient que la déesse Hécate se métamorphosait parfois en chatte. En Norvège, on disait que la déesse Freyja conduisait un char tiré par des chats noirs.

Au Moyen Âge, quand beaucoup de gens voyaient partout des maléfices, on s'est mis à croire que les esprits malins pouvaient prendre la forme de petits animaux, comme les chats et les crapauds, compagnons familiers des méchantes sorcières. De nos jours encore, au Canada, croiser un chat est censé porter malheur, tandis qu'au Japon c'est exactement le contraire.

Si, aujourd'hui encore, beaucoup croient que les corbeaux sont seulement des charognards et des porteurs de mauvaises nouvelles, c'est peut-être en partie la faute de l'écrivain américain Edgar Poe. Dans son poème *Le Corbeau,* l'oiseau répète obstinément et tristement, comme un croassement : « Jamais plus ». En réalité, le corbeau, ou la corneille, est un oiseau très attentif à ses petits et qui, en Égypte, symbolisait un heureux mariage. C'était aussi un oiseau sacré des dieux messagers des Celtes et des Grecs. Peut-être est-ce pour cette raison aussi qu'il a mauvaise réputation. C'est un porteur de nouvelles, et il y a des gens, endormis dans leur train-train quotidien, qui ont peur de toutes les nouveautés et donc de toutes les nouvelles.

Chapitre 5

LES ARTS DU LIVRE

J'ai toujours trouvé passionnant de lire des livres, d'en écrire et même d'en fabriquer. J'ai appris l'art de l'imprimerie dans la Chine ancienne et, quelques siècles plus tard, j'ai transmis mon savoir à mon ami Gutenberg. Mais cet «inventeur» n'a jamais dit à qui il devait son invention. L'ingrat!

Dans ce chapitre, je t'explique comment te fabriquer un journal secret, un parchemin, une plume, tout ce qu'il faut pour recueillir tes fines observations et tes profondes réflexions. J'y mets aussi quelques recettes d'encre invisible et un alphabet runique que seul un autre magicien saura déchiffrer. Et, pour finir, un coffre où enfermer tout cela.

J'ai toujours adoré les bibliothèques.

Beaucoup de gens n'ont pas idée des trésors qu'on y trouve.

Journal secret

Ce simple livre aura l'air d'un vieux trésor alors qu'il viendra juste d'être fabriqué. Tu peux le faire aussi petit ou aussi grand que tu le veux : c'est le format du papier qui détermine la taille du livre. Chaque feuille pliée en deux fera un folio de quatre pages. Je te propose de prendre des feuilles de format A3 (29,7x42 cm). Moi, j'aime bien avoir de grandes pages, pour y dessiner de grands dragons.

SI TU VEUX VIEILLIR TON PAPIER, PEINS-LE AVEC DU THÉ (VOIR L'ÉTAPE 4, P. 96).

MATÉRIEL

- 12 feuilles de format A3.
- 2 feuilles de carton fort ou ondulé de format A4 (21 x 29,7 cm).
- Du papier calque.
- Des chutes de carton.
- Du papier d'aluminium.
- Un couteau.
- Une règle.
- Une petite cuillère.
- Des ciseaux ou un cutter.
- Un clou.
- Une grosse aiguille.
- Environ 1 m de cordon ou de gros fil.
- De la colle.
- Environ 50 cm de ruban mince.
- Une photocopie des ferrures (p. 141).

MARCHE À SUIVRE

1. Plie les feuilles de format A3 en deux (les petits côtés l'un sur l'autre). Une feuille à la fois. Écrase bien le pli à la main ou avec un manche de couteau (Fig. 1). Empile les feuilles pliées et mets-les de côté.

2. Sur le grand côté gauche d'un des cartons A4 (celui qui fera la couverture), dessine au crayon une ligne à 3 cm du bord (Fig. 2).

FIGURE 1

3. Avec un manche de petite cuillère ou un autre objet métallique non tranchant, fais une petite rainure dans le carton, en suivant le trait de crayon. Pas trop profonde : le carton doit se plier, pas se déchirer.

4. Entre le bord du carton et la pliure, marque 3 points au crayon, à 1,5 cm du bord et à 5 cm, 14,8 cm et 24,7 cm du haut (Fig.2).

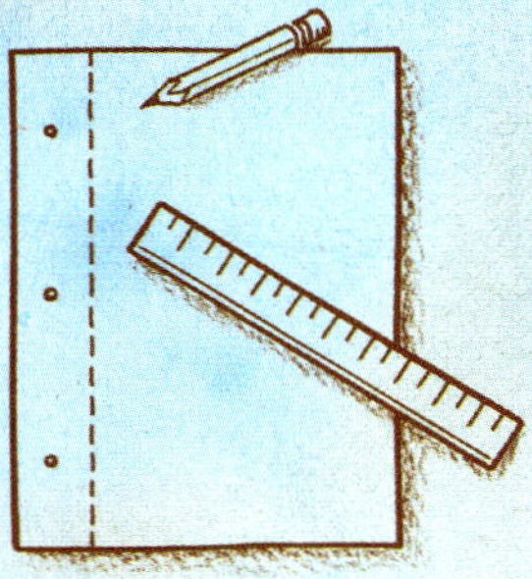

FIGURE 2

5. Place les 12 feuilles pliées en deux entre les 2 cartons, le carton de couverture dessus, la pliure à gauche.

6. Avec un gros clou, perce 3 trous à travers cartons et feuilles de papier dans les points marqués à l'étape 5. Assure-toi que les feuilles restent bien en place.

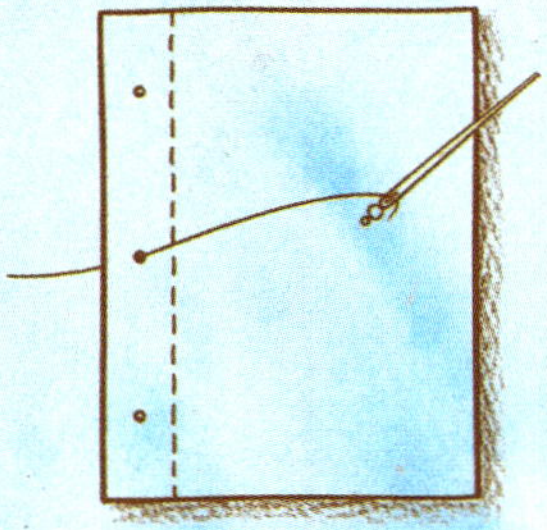

FIGURE 3

7. Enfile le cordon dans l'aiguille. Fais-le passer dans le trou du milieu, de l'arrière du livre (le plat inférieur) vers la couverture (Fig. 3). Laisse dépasser 15 à 20 cm de cordon.

8. Fais passer le cordon dans le trou du haut, de la couverture vers le plat inférieur (Fig. 4).

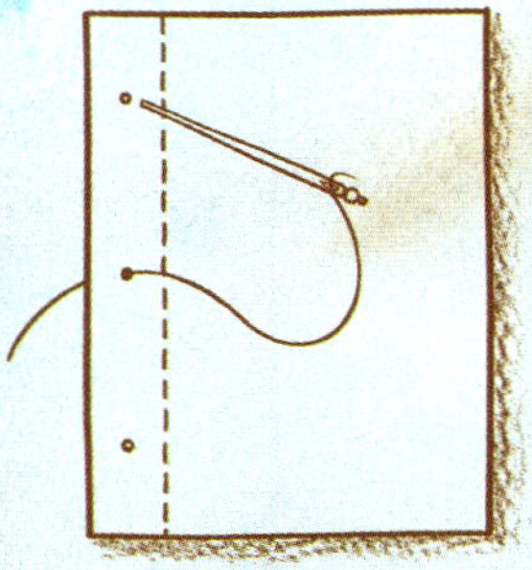

FIGURE 4

Contourne le dos du livre et repasse dans le trou du haut (Fig. 5), puis dans celui du milieu, du plat inférieur vers la couverture (Fig. 6).

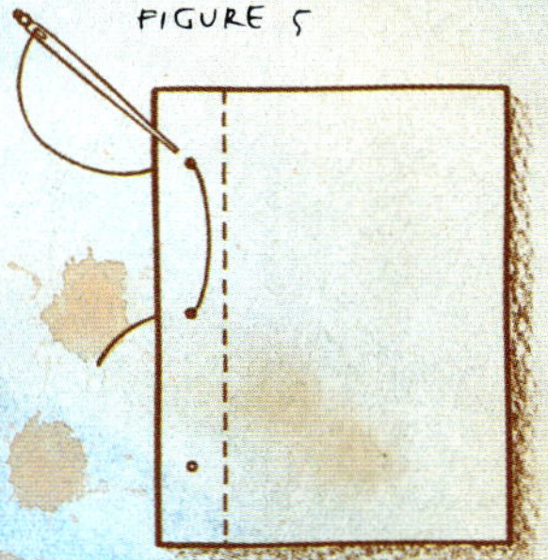

FIGURE 5

9. Recommence l'étape 8 avec le trou du bas (Fig. 7).

10. Pour finir, noue solidement les deux extrémités du cordon autour du dos, à la hauteur du trou du milieu. Coupe les bouts qui dépassent.

11. Décore la couverture à ton goût en prévoyant l'emplacement des ferrures (voir l'illustration p. 92).

12. Photocopie la ferrure de la p. 141. Découpe-la et reporte-la 3 fois sur les chutes de carton. Découpe 3 ferrures, recouvre-les de papier d'aluminium et colle-les sur la couverture, à la hauteur des trous, au bord de la pliure. Pose un objet lourd dessus et laisse sécher.

13. Coupe le ruban en deux. Avec le clou, perce un trou dans la couverture sur le côté droit, à mi-hauteur. Passes-y l'une des deux moitiés et noue-la. Répète l'opération avec l'autre moitié et le plat inférieur.

Il ne te reste plus qu'à nouer ensemble les deux bouts de ruban et ton journal gardera tes secrets.

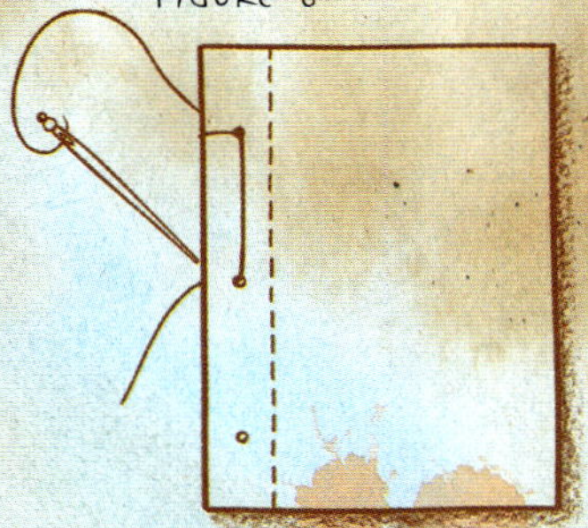

FIGURE 6

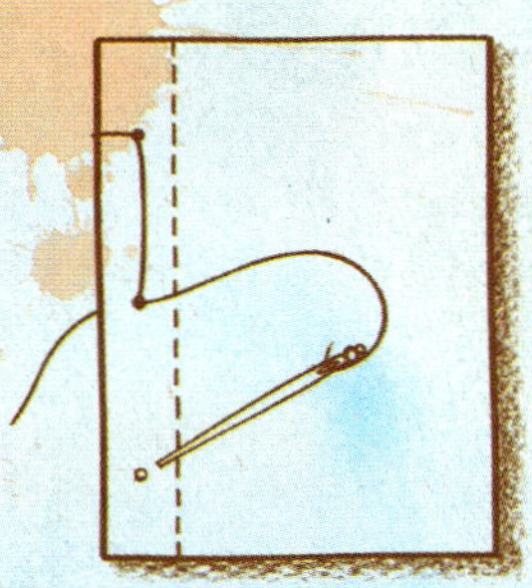

FIGURE 7

Nos ancêtres les Gaulois

En remontant très haut dans l'arbre généalogique de beaucoup de Français, on y trouverait souvent des Gaulois. C'est le nom que les Romains donnaient aux Celtes habitant la Gaule. Et ces Français ont probablement de très lointains cousins dans des pays où d'autres tribus celtes se sont installées il y a quelques milliers d'années : en Angleterre, en Écosse et en Irlande.

Les Celtes vénéraient des dieux et des déesses. Tu connais peut-être Bélénos, le dieu de la foudre, et Teutatès, le dieu des voyageurs. Mais connais-tu Morrighan ? C'était une déesse guerrière et sorcière. Son nom veut dire Grande Reine. On disait qu'elle apparaissait sous la forme d'un corbeau au-dessus du champ de bataille et qu'elle pouvait pousser un cri formidable, aussi puissant que celui de 10 000 guerriers.

Les Celtes avaient une plante et un arbre sacrés : le gui et le chêne. Chaque année, leurs prêtres, qu'on appelait les druides, cueillaient le gui sur les chênes avec une faucille d'or. Les branches de gui, recueillies dans un drap blanc, étaient considérées comme des porte-bonheur. Voilà pourquoi, aujourd'hui, dans la nuit du Nouvel An, on se met parfois sous une boule de gui pour s'embrasser et se souhaiter une bonne année. À cause des croyances de très lointains ancêtres.

Les Romains ont conquis la Gaule et ce qu'ils appelaient la Bretagne (l'Angleterre d'aujourd'hui) après de rudes combats. Tacite, un historien romain, raconte qu'avant une grande bataille, les druides avaient jeté un sort pour paralyser les soldats romains. Mais les Romains chargèrent comme d'habitude et remportèrent la victoire. De vieux magiciens bien renseignés m'ont dit que le sort n'était pas assez puissant ou qu'il avait été mal lancé. Je ne serais pas étonné qu'après la défaite, quelques Bretons en colère soient allés dire à leurs druides ce qu'ils pensaient de leurs capacités.

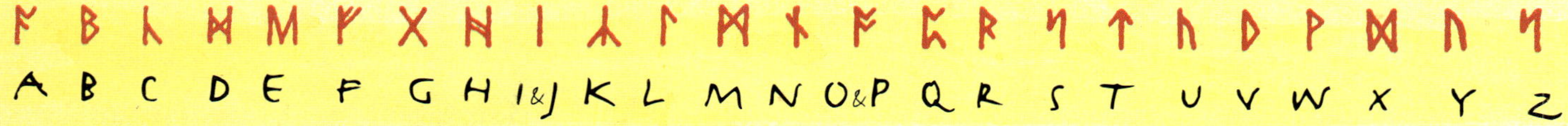

Alphabet runique

Le mot rune signifiait « mystère, secret » dans les anciennes langues de l'Europe du Nord. Aujourd'hui, on appelle runes les caractères de l'alphabet utilisé par les Germains et les Scandinaves au début de notre ère. Leur forme anguleuse permettait de les graver facilement dans le bois, le métal ou la pierre. Chaque caractère correspondait à une lettre mais avait aussi une signification symbolique ou magique. Les Vikings croyaient ainsi qu'en prononçant le nom d'une rune, ou en la gravant sur une épée, on mobilisait la puissance du dieu ou de l'esprit associé à cette rune.

Chez les Germains, on se servait des phrases gravées en caractères runiques sur des baguettes de bois ramassées au hasard pour prédire l'avenir.

POUR AUGMENTER LES PROPRIÉTÉS MAGIQUES DE TON JOURNAL OU DE TON AMULETTE, PEINS OU GRAVE TON NOM DESSUS EN CARACTÈRES RUNIQUES.

Encre noire

Ceux qui savent bien écrire ont toujours joui d'un prestige particulier. Jadis, on leur prêtait même parfois des pouvoirs magiques. J'aime bien cette idée, car j'écris bien. J'aime aussi fabriquer moi-même mon encre et mon papier et ma plume. C'est moi qui fais tout. Quel plaisir !

MATÉRIEL

- Un grand bol ou un saladier.
- Un verre mesureur.
- Du liquide-vaisselle.
- 10 clous.
- Une boîte en plastique avec couvercle.
- Du vinaigre blanc.
- 4 sachets de thé (thé noir).
- Une casserole de taille moyenne.
- Un bocal en verre avec couvercle.
- De la colle blanche.

MARCHE À SUIVRE

1. Verse 60 ml de liquide-vaisselle dans le bol et ajoute 1/2 litre d'eau. Mélange bien. Laisse tremper les clous dans l'eau savonneuse pendant 30 min.

2. Retire les clous, mets-les dans la boîte en plastique et recouvre-les de vinaigre. Laisse-les tremper 48 heures.

3. Verse 1/4 de litre d'eau dans la casserole. Ajoute les 4 sachets de thé. Avec l'aide d'un adulte, fais bouillir pendant 10 min. Laisse refroidir.

4. Verse dans le bocal environ 125ml de l'infusion de thé et la même quantité de vinaigre (où trempaient les clous). Ajoute un peu de colle blanche jusqu'à ce que le mélange soit assez épais pour être utilisé avec une plume. L'encre noircira en séchant sur le papier.

LA MALÉDICTION des pharaons

En 1922, dans la Vallée des Rois, en Égypte, deux explorateurs britanniques, Howard Carter et Lord Carnarvon, découvrirent la tombe du pharaon Toutankhamon. Vieille de plus de 3000 ans, elle était pourtant intacte. Autour du sarcophage d'or contenant la momie du pharaon, il y avait quantité de bijoux et d'objets précieux. Un trésor extraordinaire.

L'année suivante, une romancière américaine, Marie Cornelli, prédit la mort de ceux qui avaient fouillé la tombe. Elle avait trouvé dans un vieux livre arabe cette phrase inquiétante : « La mort fondra sur qui pénètrera dans la tombe d'un pharaon. » Quelques jours plus tard, Lord Carnarvon mourut d'une pneumonie et le mauvais sort poursuivit ses collaborateurs. Depuis, on a trouvé une explication rationnelle, mais certains, qui adorent le mystère, ont préféré imaginer une vraie « malédiction des pharaons ». Et toi, qu'en penses-tu ?

Rouleau manuscrit

Les anciens Égyptiens et certains Indiens d'Amérique utilisaient des rouleaux pour consigner des choses importantes. Rien de mieux, aujourd'hui, pour noter une histoire, une conversation intéressante, ou simplement une recette de cuisine. Dérouler un manuscrit pour découvrir ce qu'il contient a quelque chose de magique.

MATÉRIEL

- 2 baguettes de 15 mm de diamètre et 23 cm de long.
- 4 petites boules de bois d'au moins 20 mm de diamètre.
- Du papier de verre.
- Une petite casserole.
- Une tasse d'eau.
- Un sachet de thé.
- 4 feuilles de papier blanc de format A4.
- Du papier paraffiné.
- De la colle blanche.
- 2 petits pinceaux.
- Environ 20 cm de ruban.

MARCHE À SUIVRE

1. Aplanis au papier de verre la partie de la boule qui doit se coller à la baguette. Colle une boule à chaque extrémité des baguettes.

2. Avec l'aide d'un adulte, laisse le thé infuser 10 min dans l'eau bouillante. (L'infusion servira à vieillir le papier.)

3. Encolle au pinceau, sur 1 cm environ, le petit côté d'une des 4 feuilles de papier. Applique le haut de la seconde feuille sur la partie encollée de la première. Presse fort et laisse sécher. Recommence l'opération jusqu'à ce que les 4 feuilles soient collées ensemble, prêtes à former un rouleau.

4. Place le tout sur du papier paraffiné. Utilise le second pinceau pour teinter les bords du papier avec l'infusion de thé. Laisse sécher. Si le papier gondole trop, demande à un adulte de le repasser au fer chaud.

5. Encolle, sur environ 4 cm, l'une des extrémités du rouleau. Enroule-la bien serrée autour d'une des 2 baguettes. Laisse sécher. Répète l'opération avec l'autre extrémité.

6. Quand tout est sec, fais rouler les 2 baguettes l'une vers l'autre, pour faire 2 rouleaux (voir l'illustration). Maintiens-les en place avec le ruban.

À LA RECHERCHE du Roi Arthur et du Saint Graal

Le Roi Arthur a-t-il vraiment existé? Dans les siècles passés, les conteurs multipliaient les prouesses des héros à chaque fois qu'ils racontaient leurs histoires. Mais nous autres magiciens nous savons que les légendes ont toujours un fond de vérité et nous avons des informations de première main.

Tard dans la nuit, après quelques verres d'hydromel, mon ami Merlin me parlait souvent du temps où il fréquentait le Roi Arthur, qu'il connaissait depuis sa naissance. Il était intarissable sur le sujet. J'aime bien Merlin, c'était un grand magicien, mais je crois qu'il avait tendance à exagérer. Ce qu'il m'a raconté est donc à prendre avec prudence.

Bon, sage, héroïque, Arthur fut l'un des plus grands rois de Bretagne. Il naquit au château de Tintagel, dont on voit les ruines sur la côte de Cornouaille, au sud de l'Angleterre. Il régnait au ve siècle de notre ère, une sombre époque pour la Bretagne. Des bandes de pillards saxons ravageaient le pays. Les cités se vidaient de leurs habitants qui se cachaient dans les collines. C'est alors qu'Arthur intervint. Après de rudes combats, il chassa les Saxons et installa sa cour à Camelot. Le nom même d'Arthur pourrait nous renseigner sur l'existence du roi. Arthur est la forme galloise d'un nom romain, *Artorius*. Au ve siècle, les Bretons donnaient encore à leurs enfants des noms romains. Et au siècle suivant, on voit se multiplier les enfants baptisés Arthur. Or, tu le sais, souvent les gens donnent à leurs enfants les noms de personnages connus ou héroïques. Je te laisse conclure.

Les poètes racontent les exploits guerriers des compagnons d'Arthur, les Chevaliers de la Table Ronde, et leur quête du Saint Graal. Le Graal était la coupe dans laquelle aurait été recueilli le sang de Jésus-Christ. Beaucoup de Chevaliers de la Table Ronde, comme Perceval et Lancelot, tentèrent de le retrouver, mais seul Galaad, le jeune chevalier au cœur pur, parvint au terme de la quête.

Quant au Roi Arthur, il fut mortellement blessé dans le combat singulier qui l'opposa à son propre neveu, Mordret. Mais sa sœur, la fée Morgane, vint le chercher et l'emmena dans l'île enchantée

d'Avalon, c'est-à-dire l'Île des Pommiers. (*Aval* veut dire pomme en breton et a la même origine très lointaine qu'*apple* en anglais et *apfel* en allemand.) Arthur reviendrait un jour de cette île, disaient les légendes, pour ramener l'âge d'or dans son pays. Il n'est pas revenu. Pas encore, peut-être. Cependant, au xiie siècle, les moines de l'abbaye de Glastonbury, en Angleterre, prétendirent avoir trouvé sa tombe. Ils avaient découvert une pierre sur laquelle étaient gravés ces mots: HIC JACET SEPULTUS INCLYTUS REX ARTURIUS IN INSULA AVALONIA, c'est-à-dire: Ci-gît enseveli le fameux Roi Arthur dans l'île d'Avalon. Et sous la pierre il y avait un cercueil contenant les restes d'un homme de grand taille au crâne brisé, entourés d'autres ossements plus petits. On referma le cercueil et tout disparut trois siècles plus tard, quand le roi Henri VIII saccagea l'abbaye.

L'histoire et la légende s'arrêtent là. Mais je crois que les aventures glorieuses et mystérieuses d'Arthur et de ses Chevaliers de la Table Ronde ont encore de quoi captiver les jeunes apprentis magiciens d'aujourd'hui.

Plume d'oie

Dans bien des civilisations différentes, les plumes d'oiseau ont servi aux cultes religieux. Chez les Grecs elles servaient à la divination. Dans leur couleur, dans l'oiseau qui les portait, dans le lieu où elles étaient tombées, on voyait des signes où les devins déchiffraient l'avenir.
En Europe, jusqu'à l'invention des plumes métalliques, au XIXe siècle, on s'est servi des plumes d'oie pour écrire.

MATÉRIEL

- Une grande plume d'oiseau avec une hampe bien rigide. (La hampe est le tuyau corné que tu tailleras en pointe.)
- Une planche à découper.
- Un petit couteau aiguisé.
- Du papier de verre très fin.
- De l'encre noire (voir p. 95).

MARCHE À SUIVRE

Les meilleures plumes sont les grandes plumes, qu'on appelle les pennes ou rémiges, surtout celles de cygne et d'oie. Ces oiseaux perdent leurs plumes chaque été : regarde bien au bord des étangs, tu en trouveras sûrement. Prends-en une en main comme si tu allais écrire ; elle devrait se recourber légèrement sur ta main : dans les pennes, les petits filaments serrés qui forment la plume et qu'on appelle les barbes sont plus courts d'un côté du tuyau que de l'autre.

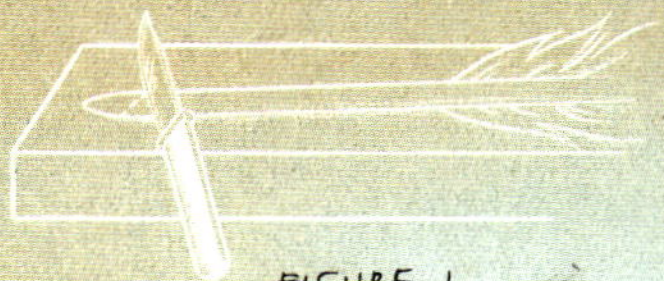

FIGURE 1

1. Débarrasse la hampe des barbes qui te gêneraient pour bien la tenir. Ensuite, fais-toi aider d'un adulte à chaque étape.

FIGURE 2

2. Place ta plume sur la planche à découper et taille au couteau l'extrémité de la hampe selon un angle aigu, moins de 45° (Fig. 1).

FIGURE 3

3. À l'intérieur de la partie effilée, creuse une petite rainure d'1 ou 2 cm. Arrête-toi avant que la corne ne se fende (Fig. 2).

FIGURE 4

FIGURE 5

4. Coupe l'extrémité effilée pour obtenir une arête bien droite (Fig. 3).

5. Creuse légèrement l'extrémité du tuyau, de part et d'autre de la rainure, pour obtenir le bec de la plume (Fig. 4).

6. Frotte l'extrémité du bec au papier de verre : elle doit être bien lisse pour ne pas accrocher le papier.

7. À 1 ou 2 mm du bout du bec, à l'intérieur, fais une petite encoche pour détacher au couteau un petit morceau de corne (Fig. 5).

8. Plonge ta plume dans l'encre, fais un essai et, si le résultat n'est pas satisfaisant, taille une autre plume, en variant l'angle de coupe, ou la profondeur de l'incision, ou les dimensions du bec.

Encres invisibles

Il y a plusieurs manières de faire une encre qui pénètre le papier sans trace apparente et qui réapparaisse quand on lui fait subir un traitement particulier. L'encre invisible est idéale pour envoyer des messages secrets.

RECETTE N° 1

MATÉRIEL

- **Du jus de citron.**
- **Un cure-dent.**

MARCHE À SUIVRE

1. Écris sur un morceau de papier avec un cure-dent trempé dans du jus de citron. Laisse sécher.

2. Pour faire apparaître l'encre, demande à un sorcier adulte de passer dessus un fer à température moyenne.

RECETTE N° 2

MATÉRIEL

- **Une cuillérée à café de maïzena.**
- **60 ml d'eau.**
- **Une petite casserole.**
- **Une cuillère en bois.**
- **De l'iode.**
- **Une éponge.**

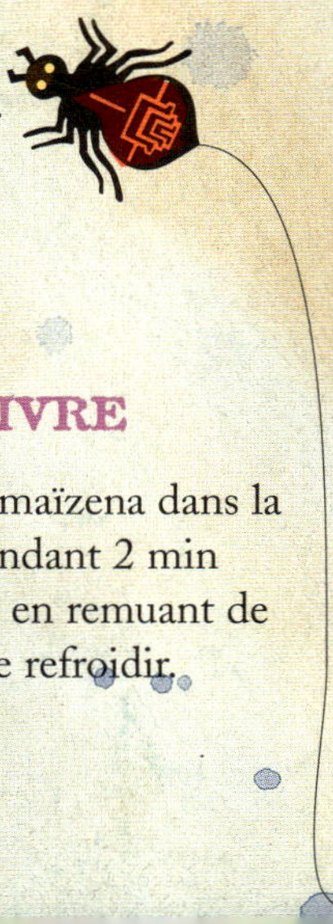

MARCHE À SUIVRE

1. Mélange l'eau et la maïzena dans la casserole. Fais cuire pendant 2 min avec l'aide d'un adulte, en remuant de temps en temps. Laisse refroidir.

2. Utilise le mélange pour écrire. Laisse sécher l'encre invisible.

3. Pour faire apparaître l'encre, tamponne-la avec une éponge imbibée d'une solution d'iode (10 gouttes dans 60 ml d'eau). L'encre sera bleu-noir et le papier légèrement bleuté.

RECETTE N° 3

MATÉRIEL

- **Une cuillérée à café de poudre de lavage qui ravive les couleurs.**
- **Un pinceau fin.**
- **Du papier sombre.**

MARCHE À SUIVRE

Les poudres qui « ravivent » les couleurs contiennent un produit qui réagit aux rayons ultraviolets.

1. Mélange 1 cuillérée à café de poudre à laver et 1/2 cuillérée d'eau, ou des quantités plus importantes, mais dans les mêmes proportions : trop d'eau atténue l'effet, trop peu fait une pâte visible sur le papier.

2. Écris ton texte au pinceau sur un papier sombre. Il ne sera visible qu'à la lumière noire.

Livre-coffre

Range tes bijoux de cérémonie, tes pièces d'or en chocolat, ou d'autres objets précieux dans ce livre-coffre. Ils y seront à l'abri des regards indiscrets et des mains trop curieuses. Ce faux livre trompera les cambrioleurs les plus expérimentés, ou au moins ta petite sœur. Pour le fabriquer, choisis un livre que personne ne voudrait lire et qui ait sa place naturellement au milieu des autres livres sur tes étagères.

MATÉRIEL

- Un vieux livre relié, épais de 4 ou 5 cm environ.
- Une règle métallique.
- Un crayon.
- Une feuille de carton de la taille du livre.
- Un cutter.
- Une assiette en carton.
- De la colle blanche.
- Un petit pinceau.
- Du papier sulfurisé.
- Un objet lourd (pour le collage).
- Une pince à linge ou une pince à dessin.

MARCHE À SUIVRE

1. Mesure l'une des pages du livre et reporte ses dimensions sur la feuille de carton (Fig. 1).

2. Découpe le carton au cutter. Attention, chaque fois que tu utilises le cutter, demande l'aide d'un adulte.

3. Dessine un rectangle au milieu du carton. À toi de choisir ses dimensions, ce seront celles du coffre. Mais tu dois laisser une bordure d'au moins 4 cm.

4. Découpe ce rectangle au cutter (Fig. 2).

5. Ouvre le livre. Laisse les 20 ou 30 premières pages intactes et travaille seulement sur les suivantes.

6. Place le carton au centre d'une page de droite. Dessine sur la page le contour du rectangle (Fig. 3). Avec la règle et le cutter, découpe cette page et une petite partie de celles qui sont dessous, selon le contour. N'essaie pas d'en couper trop à la fois en enfonçant trop le cutter. Répète l'opération jusqu'à ce que tu aies évidé toutes les pages.

7. Verse une petite quantité de colle dans l'assiette en carton. Avec le pinceau, encolle la dernière page du livre. Referme le livre pour que la page soit bien aplatie.

FIGURE 3

FIGURE 4

FIGURE 1

FIGURE 2

8. Répète l'opération non pas sur toutes les pages du livre une à une, mais en les groupant par paquets de 5 ou 6. Encolle la dernière de chaque paquet, vérifie qu'il n'y a pas de pli et referme le livre. Recommence jusqu'à ce que tous les paquets soient collés entre eux.

9. Place une feuille de papier sulfurisé entre les pages intactes et les pages évidées. Referme le livre. Pose dessus un objet lourd (Fig. 4). Laisse sécher une nuit.

10. Rouvre le livre. Avec une pince, maintiens ouvertes la couverture et les pages non découpées, auxquelles tu ne toucheras pas.

11. Vérifie que les pages évidées sont bien ajustées ensemble et que le « coffre » est d'une forme régulière. Applique une épaisse couche de colle blanche d'abord à l'extérieur, sur les trois tranches du livre, puis sur les quatre côtés de l'intérieur du « coffre ».

12. Répète l'étape 9.

13. Ton coffre est prêt à protéger tes trésors.

Chapitre 6

L'ART DE L'ASTRONOMIE

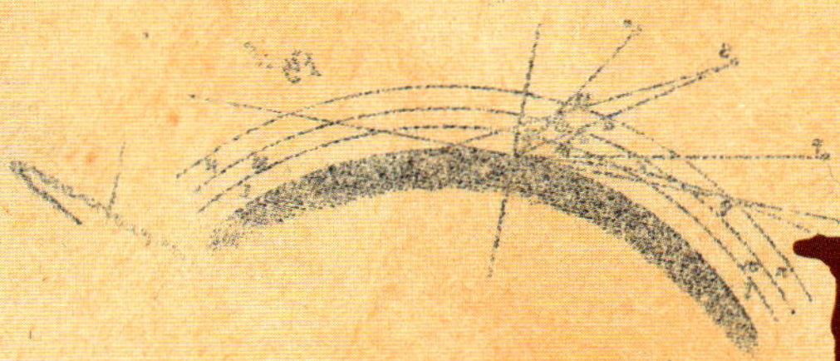

Depuis très longtemps, il y a des gens qui croient que le soleil, la lune, les planètes et les astres déterminent les caractères des hommes et influent sur le cours de leur vie.

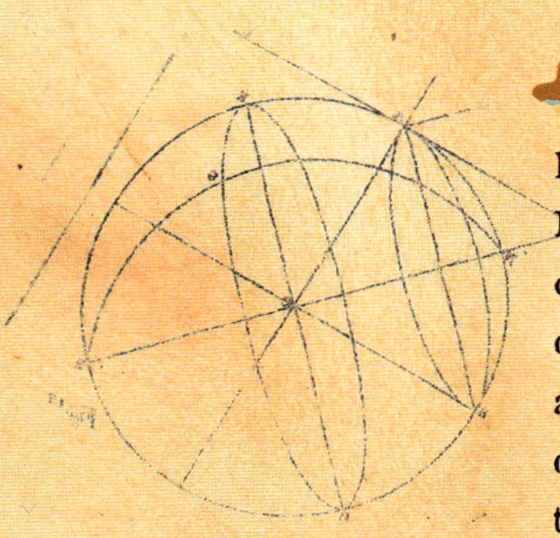

Douze groupes d'étoiles, qu'on appelle des constellations, forment le zodiaque. Elles portent des noms qui remontent à l'Antiquité. Les astrologues affirment que notre personnalité est déterminée par la zone du zodiaque où se trouvaient le soleil et quelques planètes au moment de notre naissance. Chacun de nous est né sous un certain signe du zodiaque et marqué par lui, disent-ils. Tu peux toujours t'amuser à comparer ce que disent et prédisent les astrologues avec ce que tu sais de toi et ce qui arrive effectivement dans ta vie.

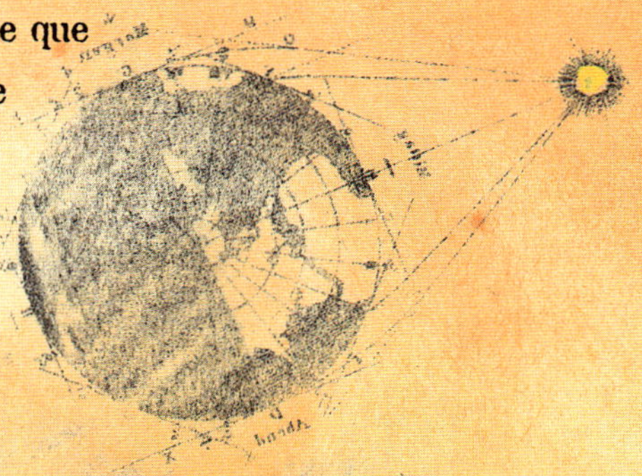

PARFOIS JE SCRUTAIS LE CIEL ET JE ME DEMANDAIS

SI, SUR D'AUTRES PLANÈTES,
IL Y AVAIT D'AUTRES MAGICIENS.

Projecteur de constellations

Un magicien cultivé doit être capable d'identifier et de nommer les constellations. Pour t'entraîner, je te propose de projeter les schémas de douze constellations du zodiaque, avec une lampe torche, au plafond ou sur les murs de ta chambre.

MATÉRIEL

- **Les schémas des constellations (pp. 143-144).**
- **Une lampe torche.**
- **Du papier fort noir.**
- **Une règle.**
- **Un compas.**
- **Des ciseaux.**
- **Une aiguille ou des épingles.**
- **5 ou 6 bracelets élastiques.**

MARCHE À SUIVRE

1. Pose ta lampe verticalement sur le papier et dessine le contour. Avec le compas, dessine autour de ce cercle un autre cercle, plus grand d'environ 4 cm. Répète l'opération 11 fois. Découpe les grands disques.

2. Dans chaque disque ainsi découpé, fais une douzaine d'entailles allant du bord vers le centre et s'arrêtant au cercle intérieur. Cela fait 12 languettes (voir l'illustration).

3. Copie ou photocopie les modèles de constellations des pages 143-144. Place-les sur les disques et, avec une épingle, perce des trous aux endroits correspondant aux étoiles.

4. Place un disque sur la torche, replie les languettes et fixe-les avec un élastique (voir l'illustration).
Et maintenant, au travail ! Tu peux profiter d'une nuit sans lune et sans nuages pour comparer avec les vraies constellations les schémas projetés, par exemple, sur le mur du jardin.

Étoiles et planètes

Les Anciens avaient observé que les planètes se déplacent dans le ciel au cours de l'année, tandis que les étoiles sont toujours visibles au même endroit du ciel. Pour dire où se trouvait une planète, ils avaient donc pris comme points de repère des étoiles regroupées en constellations. Ils avaient divisé en 12 secteurs la partie du ciel où le soleil et les planètes se déplacent et qu'on appelle le zodiaque. Ils avaient donné à chaque secteur, ou « signe », le nom de sa principale constellation. Plusieurs constellations portaient le nom d'un animal (Scorpion, Lion) dont elles évoquaient la forme. Il existe un mot grec qui veut dire « forme d'un animal », c'est « zodion ». De là vient le mot zodiaque.

Il y a des gens qui croient que la position des planètes le jour de notre naissance (le « signe » sous lequel nous sommes nés) a de l'influence sur notre caractère et nos goûts, et que certaines fleurs, certains animaux, etc. nous conviennent particulièrement. Si tu veux jouer à l'astrologue, lis les pages suivantes, demande à tes amis leur date de naissance et interroge-les sur leurs goûts et leur caractère. Je peux te prédire que vous ne vous ennuierez pas.

Bélier
(en latin : *Aries*).
21 mars-20 avril.

Les personnes nées sous le signe du Bélier sont aimables, mais décidées. Elles aiment bien commander. Elles ont parfois du mal à comprendre pourquoi leurs amis ne partagent pas tous leurs goûts. Généreuses, elles ont cependant un tempérament explosif, mais les explosions sont brèves. Souvent les Bélier sont larges d'épaules.
Ils marchent vite et ont facilement des accidents. Ils aiment la lecture, mais, à l'école, ils ne risquent pas le surmenage. Dans les domaines qu'ils ont choisis, ils peuvent être novateurs. Bonne entente avec Lion et Sagittaire.
Rouge, Mars, rubis, 7, mardi, églantine, houx, léopard, pie, fer.

Taureau (*Taurus*).
21 avril-21 mai.

Les Taureau sont souvent bien bâtis, avec des cheveux sombres et frisés. Ce sont des gens calmes et agréables, mais parfois obstinés. Ils ont beaucoup de bon sens et un jugement sain. Doués pour le sport et la musique, ce sont souvent de bons élèves parce qu'ils aiment le travail bien fait. Ils aiment les tons pastels (surtout le bleu) et la musique douce. Bonne entente avec Vierge et Capricorne.
Bleu, Vénus, saphir, 6, vendredi, muguet, pommier, taureau, colombe, cuivre.

Gémeaux (*Gemini* = jumeaux).
22 mai-21 juin.

Ce sont les esprits libres du zodiaque. Ils donnent parfois l'impression d'être à deux endroits en même temps. Leurs mains sont souvent expressives, avec des doigts fins. Les personnes nées sous le signe des Gémeaux font beaucoup de bruit, sont débordantes d'énergie et souvent en retard à leurs rendez-vous. Elles sont aimables, curieuses, habiles. Elles ont une imagination vive, adorent lire et échanger des idées. Douées pour les langues, elles doivent apprendre à être patientes et à ne pas se décourager trop vite. Bonne entente avec Verseau et Balance.
Blanc et argent, Mercure, diamant, 5, mercredi, gueule-de-loup, sureau, chien, perroquet, vif-argent.

Cancer (*Cancer* = crabe). 22 juin-23 juillet.
Les Cancer sont émotifs, très sensibles, délicats et patients. Ils se sentent parfois seuls et s'inventent des compagnons de jeux. Ils ont une imagination vive. Ce sont des artistes, des créateurs. Ils font de bons imitateurs et aiment bien plaisanter. Ils savent gagner de l'argent et le mettre de côté. En classe, ils préfèrent souvent l'histoire. Bonne entente avec Poissons et Scorpion.
Vert, Lune, émeraude, 2, lundi, coquelicot, saule, phoque, mouette ou chouette, argent.

Lion (*Leo*). 24 juillet-23 août.
Les Lion sont des meneurs, extravertis, très drôles tant qu'on ne les contrarie pas. Ils ont du courage et de la dignité, et sont fiers de leurs capacités. Il leur arrive même de crâner. Ils sont généreux, mais aiment bien montrer aux autres comment il faut faire. Intelligents, les lions ont cependant tendance à compter sur leur charme pour obtenir ce qu'ils veulent. Ils sont généralement les premiers à trouver une fille ou un garçon pour sortir avec eux. Bonne entente avec Bélier et Sagittaire.
Or, Soleil, ambre et topaze, 4, dimanche, souci ou tournesol, laurier, lion, aigle, or.

Vierge (*Virgo*). 24 août-23 septembre.
Les Vierge sont sincères et dignes de confiance. Ils sont capables de travailler dur et longtemps. Ce sont souvent des professeurs, des chercheurs. Ils apprécient l'élégance et ont de beaux yeux intelligents. Ce sont des perfectionnistes, d'éternels inquiets, mais capables de réussir dans le domaine de l'art, de la philosophie, ou de la littérature. Ils aiment lire, ont une excellente mémoire et souvent des talents de comédiens. Bonne entente avec Taureau et Capricorne.
Jaune et or pale, Mercure, jade, 10, mercredi, valériane, noisetier, écureuil, pie ou perroquet, platine.

Balance (*Libra*). 24 septembre-23 octobre.
Les personnes nées sous le signe de la Balance ont bon cœur, aiment l'honnêteté et détestent juger les gens, par peur de se tromper et de les blesser. Elles sont à l'aise dans les discussions. Ce sont souvent des scientifiques. Elles sont parfois si charmantes qu'elles risquent d'obtenir un peu trop facilement ce qu'elles désirent. Elles ont souvent des fossettes, aiment le bleu et détestent les films violents. Leurs chambres sont généralement bien rangées et elles ont beaucoup d'amis, garçons ou filles. Bonne entente avec Verseau et Gémeaux.
Bleu et violet, Vénus, opale, 8, vendredi, violette, amandier, lièvre, colombe, cuivre.

Scorpion (*Scorpio*). 24 octobre-22 novembre.
Les Scorpion ont un physique solide, des yeux pétillants, de l'assurance et un magnétisme qui attire les autres et leur inspire de la loyauté. Quand ils se mettent en colère, ils ont du mal à se calmer tant qu'ils n'ont pas leur revanche. Ils aiment bien toucher du doigt les points faibles des autres, sans se découvrir eux-mêmes. Ils sont doués pour résoudre les énigmes et retrouver les objets perdus. Ils sont souvent attirés par ce qui est interdit ou mystérieux. Eux aussi ont beaucoup d'amis. Bonne entente avec Poissons et Cancer.
Rouge, Mars, rubis, 9, mardi, bruyère et chrysanthème, houx, loup et panthère, aigle et vautour, fer.

Sagittaire (Sagittarius = *archer*). 23 novembre-21 décembre.
Généralement, les Sagittaire ont un visage ouvert, avenant, un grand front. Ils peuvent être en même temps émouvants et maladroits. Ce sont des idéalistes, jamais en repos, curieux des autres. Ils manquent parfois de délicatesse, mais sont incapables de mentir. Ils aiment bien l'école. S'ils ne se surveillent pas, ils risquent d'être très dépensiers. Les Sagittaire ont de nobles aspirations et s'engagent souvent dans des actions humanitaires ou religieuses. Bonne entente avec Bélier et Lion.
Orange, Jupiter, saphir, 4, jeudi, œillet, mûrier, cheval, aigle, étain.

Capricorne (*Capricornus* = bouc cornu). 22 décembre-20 janvier.
Les Capricorne mûrissent plus vite que les autres. Ils apprécient la sagesse et les réalisations de leurs aînés. Ils respectent l'autorité et le succès. Eux-mêmes acquièrent souvent l'une et l'autre par leurs efforts. On trouve parmi eux beaucoup de négociateurs et de diplomates. Les jeunes Capricorne aiment bien passer du temps chez eux. Ce sont des gens sérieux et organisés. Ils préfèrent à la foule des relations un petit cercle d'amis intimes. On peut compter sur eux pour faire leurs devoirs à la maison. Ce sont souvent des timides avec les personnes de l'autre sexe. Bonne entente avec Taureau et Vierge.
Noir, Saturne, onyx, 3, samedi, belladone, pin et cyprès, chien et éléphant, chouette, plomb.

Verseau (*Aquarius* = porteur d'eau). 21 janvier-19 février.
Le Verseau est l'un des signes les plus romanesques. Les personnes nées sous le signe du Verseau sont fréquemment dans les nuages, à rêver de l'avenir.
Souvent plus grandes que la moyenne, elles ont de longs cheveux soyeux, la tête penchée vers leurs songes intérieurs. Rêveuses, mais l'esprit vif, elles comprennent souvent bien les autres. Distraites, elles ont parfois du mal à retenir les dates. Elles adorent la nature, tiennent à leur liberté et regimbent contre les règles. On trouve parmi elles beaucoup de scientifiques et de musiciennes. Bonne entente avec Gémeaux et balance.
Bleu électrique et vert, Saturne et Uranus, grenat, 2, samedi, perce-neige et digitale, pin, chien, coucou, platine.

Poissons (*Pisces*). 20 février-20 mars.
Les Poissons combinent les meilleurs aspects des onze autres signes auxquels ils ajoutent leurs propres qualités. Les personnes nées sous ce signe ont des dons artistiques, adorent les livres et la poésie et ne se soucient pas d'avoir ou non de l'argent. Elles aiment bien vivre dans le monde de l'imagination et se passionnent souvent pour la magie et l'astrologie. Peu intéressées par la routine et le quotidien, elles vivent plus intensément la nuit. Elles sont pleines de compassion pour ceux qui sont dans le besoin et elles obtiennent aisément la confiance des enfants et des animaux.
Bonne entente avec Cancer et Scorpion.

Pourpre, Jupiter et Neptune, 6, jeudi, héliotrope et œillet, saule et orme, mouton et bœuf, cygne et cigogne, étain.

CRÉATURES DE LA NUIT

Loups-garous, chiens-fantômes, vampires

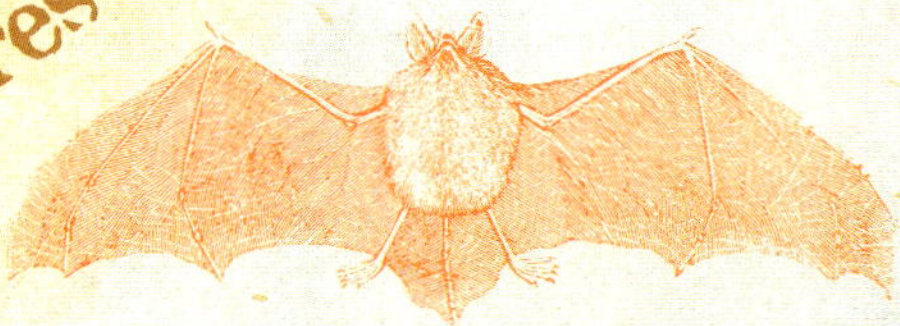

Depuis la nuit des temps, les hommes ont redouté l'obscurité. Alors, pour essayer de s'expliquer leur crainte, ils ont inventé des êtres extraordinaires, des animaux effrayants qui vivraient la nuit et dont ils auraient de bonnes raisons d'avoir peur. Ils ont imaginé, à leur sujet, des histoires qui font froid dans le dos. Mais les hommes sont bizarres : ils ont tout de même un certain plaisir à entendre ces histoires, surtout quand ils sont bien à l'abri dans leur maison. Tu ne vas pas me dire le contraire !

Une des belles inventions est celle du loup-garou. C'est la curieuse combinaison d'un loup et d'un homme. Les Grecs croyaient que certains sorciers très habiles pouvaient se métamorphoser en loups, en portant une certaine ceinture, en avalant une certaine liqueur, ou en buvant de l'eau recueillie dans l'empreinte d'une patte de loup.

Au Moyen Âge, on se racontait des histoires de gens mordus par des loups-garous et condamnés à se transformer en loups-garous à chaque nuit de pleine lune. On inventait des défenses contre ce monstre.

On disait que des boutons ou des balles d'argent étaient capables de l'éloigner, ou encore que, si on lançait sur lui un morceau de fer, il reprenait d'un coup sa forme humaine.

En Angleterre, il y a bien longtemps, d'énormes chiens-fantômes étaient censés apporter le mauvais sort et la mort. Dans l'est du pays, les voyageurs avaient peur de rencontrer, la nuit, une de ces créatures surnaturelles, Black Shuck, un chien aussi gros qu'un veau. Ses yeux étaient des braises rougeoyantes et son haleine était glacée. Les chiens-fantômes ne laissaient aucune empreinte, ils hantaient les cimetières et essayaient parfois de forcer la porte des chaumières. Quand mon ami Sherlock Holmes enquêtait sur le chien des Baskervilles, les villageois terrorisés croyaient que ce chien sortait tout droit des Enfers. Ils avaient tort, bien sûr, mais pense à ton chien : combien de fois ne l'as-tu pas vu aboyer à des choses invisibles pour toi ? Et si ç'avait été des fantômes ? Quel dommage que les chiens ne sachent pas parler, ou plutôt que nous ne comprenions pas leur langage !

Et puis, il y a les vampires. Cette fois, ce n'est pas une invention. Les vampires existent. Pas ceux des Carpates, pas Dracula. Non, de vrais vampires. Ce sont des chauves-souris d'Amérique Centrale et du Sud. Elles ont un nom savant, comme tous les vrais animaux : *Desmodus rotundus.* Leur corps est de la taille d'un gros pouce et elles dépassent à peine 20 cm, toutes ailes déployées. Ces petites choses ne s'attaquent pas à l'homme, mais il est vrai qu'elles sucent le sang, celui de petits animaux endormis, à raison de deux cuillérées à café par jour environ. Leur salive contient un anticoagulant dont les médecins peuvent se servir pour traiter les gens victimes d'une attaque cardiaque. Ce qui est bien rassurant : cela montre que même d'un vampire il y a quelque chose de bon à tirer.

LES ALCHIMISTES
et la Pierre Philosophale

Être très riche sans effort, vivre très longtemps sans être malade, quel homme n'a pas rêvé à cela ? Les alchimistes ont essayé de réaliser ces rêves. Ils cherchaient à fabriquer de l'or à partir de métaux ordinaires et concoctaient des élixirs de longue vie. Certains ont fini dans des cachots, emprisonnés par des rois cupides qui voulaient leurs secrets. D'autres sont morts au milieu de leurs fourneaux, victimes d'expériences qui avaient mal tourné. Mais quelques uns sont devenus très riches et ont vécu très longtemps. Moi-même, sans me vanter, sais-tu quand je suis né ?

Les alchimistes d'autrefois, égyptiens, grecs, juifs, arabes, sont les ancêtres des chimistes modernes. Le mot *alchimie* vient de l'arabe *al-kîmiyâ*, traduction des hiéroglyphes signifiant *terre noire* et *Égypte*. C'est aussi de l'arabe, *al-îksir*, que vient le mot *élixir*. L'alchimie s'est développée surtout au Moyen Âge et à la Renaissance, toujours entourée de secrets. Les alchimistes écrivaient exprès leurs traités en un langage difficile à comprendre, et dissimulaient souvent leurs noms.

Si tu as visité un laboratoire de chimie, tu y as vu des instruments qui se trouvaient déjà dans ceux des alchimistes : éprouvettes, fourneaux, alambics, cornues. Là-dedans mes confrères mettaient toutes sortes de choses : de la rosée du matin, de l'eau de mer, et même de la bouse de vache et du crottin de cheval qu'ils laissaient fermenter. Mais ils avaient une noble ambition. Ils voulaient devenir meilleurs moralement et spirituellement, pour découvrir ce qu'ils appelaient la Pierre Philosophale. Cette substance aux propriétés merveilleuses devait permettre de transformer les métaux en or et de guérir toutes les maladies.

Au XIVe siècle, le roi d'Angleterre engagea un illustre alchimiste et théologien espagnol, Raymond Lulle, qu'on avait surnommé le « Docteur Illuminé ». Mais quand Lulle comprit que le roi voulait seulement se procurer de l'or pour faire la guerre, il refusa de le servir et fut jeté en prison. Au siècle suivant, un autre alchimiste, emprisonné lui aussi par un roi, essaya de s'enfuir comme Dédale et Icare, en s'envolant. Mais les ailes qu'il s'était fabriquées n'étaient pas assez solides et le malheureux réussit seulement à se casser une jambe.

Dans le monde de l'alchimie, le maître le plus ancien et le plus légendaire est un dieu égyptien, Toth, rebaptisé par les Grecs Hermès « Trismégiste », c'est-à-dire « Trois fois très grand », qui aurait écrit plus de quarante livres – tous perdus. Il a donné son nom à la manière de boucher parfaitement un récipient, comme le faisaient les alchimistes : hermétique. Une alchimiste légendaire de l'Antiquité, Maria la prophétesse, est bien oubliée aujourd'hui. Et pourtant toutes les cuisinières parlent d'elle sans le savoir quand elles font réchauffer une boîte de conserve dans une casserole d'eau chaude. C'est la cuisson au bain-marie, qui aurait été inventé par Maria.

Nicolas Flamel, lui, a bien existé. Il vivait en France sous le règne de Charles VI. Comme il avait amassé rapidement une grosse fortune, le roi voulut savoir d'où elle venait. Méfiant, l'alchimiste prit la fuite et disparut. Mais, quatre siècles plus tard, des gens prétendirent l'avoir vu avec son épouse à un spectacle de l'opéra. Et depuis lors, on signale de temps à autre une apparition, ici ou là, de Nicolas Flamel.

Les Suisses aussi ont eu leurs alchimistes. Le plus connu est Philippus Aureolus Bombastus von Hohenheim, qui se fit appeler plus simplement Paracelse, du nom du grand médecin romain Celsus. Médecin lui-même, il pensait que l'esprit des malades pouvait agir sur la maladie plus efficacement que la saignée et les onguents. Ses confrères médecins et les apothicaires n'appréciaient pas ces idées qui n'arrangeaient pas leurs affaires, et Paracelse, comme tant d'autres alchimistes avant lui, dut quitter son pays.

Chapitre 7

L'art de l'alchimie

Tu n'arriveras peut-être jamais à fabriquer la Pierre Philosophale. Mais le plaisir de l'alchimie c'est d'abord de fabriquer ces mixtures qui font des bulles, qui suintent, fument, sentent mauvais. Attention tout de même: je connais quelques apprentis sorciers inattentifs ou ignorants qui ont explosé avec leurs éprouvettes et leurs cornues. Suis donc scrupuleusement mes instructions. N'ajoute aucun ingrédient de ton invention. (Par précaution, je t'ai préparé une recette de sang de dragon, au cas où tu n'aurais pas de dragon-donneur universel près de chez toi.)

J'AI TOUJOURS ADORÉ LES LEÇONS D'ALCHIMIE,
AU MOINS TANT QUE RIEN N'EXPLOSAIT.

LIVRE DE RECETTES de potions magiques

TIRÉES DE MA COLLECTION PERSONNELLE D'ÉLIXIRS, BREUVAGES, PHILTRES ET DÉCOCTIONS.

Je te propose des recettes pour que tu t'amuses à concocter des potions, pas pour que tu les avales. **JAMAIS**, tu m'entends, **JAMAIS**. Si tu as des choses à faire chauffer, demande **TOUJOURS** à un adulte d'être là, même si le pauvre ne connaît rien à l'alchimie. Je te conseille de commencer par mettre de côté des bocaux et des bouteilles de formes et de couleurs variées. Conserve leurs couvercles, ou achète des bouchons de liège dans un magasin spécialisé.

Sang de dragon

Comme la racine de mandragore (p. 64), le sang de dragon a de puissantes vertus magiques.

MATÉRIEL

- Un grand bol.
- Une grande cuillère ou une spatule.
- 350g de beurre de cacahuète.
- Une grande cuillérée (7 g) de chocolat en poudre.
- 1 litre de mélasse ou de sirop d'érable.
- 120 ml de savon non moussant.
- 30 ml de colorant alimentaire rouge.
- 15 gouttes environ de colorant alimentaire bleu.
- 30 à 60 ml d'alcool à 90°.
- Un grand bocal avec couvercle qui se visse.

MARCHE À SUIVRE

1. Verse le chocolat en poudre et le beurre de cacahuète dans le bol. Ajoute de la mélasse tout en remuant avec la cuillère, jusqu'à obtenir une consistance homogène et molle.

2. Ajoute le savon et les colorants. Mélange bien.

3. Ajoute le reste de mélasse et l'alcool à 90°. Mélange bien. Verse le tout dans le bocal, ferme le couvercle et secoue le bocal. Le sang est prêt.

Bave de Kraken

Ce monstre marin (p. 82) est assez délicat à manier. À défaut de bave authentique, voici un produit de remplacement.

MATÉRIEL

- 1/2 litre d'eau chaude.
- Un grand bocal avec couvercle qui se visse.
- 30 g de borax (activateur de lavage).
- Un bol et une grande cuillère.
- De la colle blanche liquide.
- Du colorant alimentaire vert.
- Un sachet en plastique pour aliments bien solide.

MARCHE À SUIVRE

1. Verse l'eau chaude dans le bocal. Ajoute le borax. Ferme le couvercle. Agite fort, jusqu'à dissolution complète du borax. Laisse refroidir.

2. Verse 2 grandes cuillérées (30 ml) de colle blanche dans le bol. Ajoute 3 cuillérées (45 ml) d'eau froide et mélange bien.

3. Ajoute 2 ou 3 gouttes de colorant vert et mélange bien. Verse dans le sachet en plastique.

4. Rouvre le bocal et prends une grande cuillérée d'eau. Verse-la dans le sachet. Malaxe le contenu du sachet. La (fausse) bave est prête.

Le cocktail pétillant

C'est une de mes recettes préférées : personne ne comprend comment on peut faire pétiller de l'eau plate.

MATÉRIEL

- Un bocal ou un grand verre évasé.
- Du vinaigre blanc (transvasé dans une bouteille sans étiquette).
- Du colorant alimentaire (colorant à ton choix).
- 1 grande cuillérée (14 g) de bicarbonate de soude dans un bol.
- De l'eau ordinaire (facultatif).

MARCHE À SUIVRE

1. Remplis le bocal ou le verre de vinaigre jusqu'à mi-hauteur. (Si on te demande ce que tu verses, dis que c'est de l'eau.)

2. Ajoute quelques gouttes de colorant avec le geste théâtral qui convient et psalmodie d'une voix grave : « Fantôme, je te l'ordonne, fais pétiller ce breuvage ! »

3. Même geste et même formule au-dessus du bol de bicarbonate, tout en versant discrètement du bicarbonate dans le verre. Cadédiou ! On doit avoir droit à ce moment-là à une explosion de bulles.

4. Si tu veux frapper un grand coup, vide la bouteille contenant le vinaigre, remplis-la d'eau ordinaire et propose aux spectateurs d'essayer de refaire ce que tu as fait.

Cendres fumantes de phénix

L'oiseau fabuleux appelé phénix se consume dans les flammes, est réduit en cendres, puis renaît de ses cendres. Voici comment fabriquer des cendres qui restent fumantes et qui se ranimeront quand tu les toucheras. Pour cette recette, il faut évidemment un adulte avec toi.

MATÉRIEL

- Une pochette d'allumettes en carton.
- Un plat en métal.
- Un plan de travail qui résiste à la chaleur.
- Une allumette supplémentaire ou un briquet.

MARCHE À SUIVRE

1. Pas question de commencer tant qu'un adulte n'est pas à côté de toi. Et, si tu ne m'écoutes pas, je te transformerai en crapaud !

2. Arrache ou découpe le grattoir de la pochette. Déplie le rabat et pose la pochette à l'envers sur le plat, les allumettes reposant sur le métal.

3. Avec une allumette ou un briquet, allume la pochette et laisse-la se consumer entièrement.

4. Quand le plat de métal a refroidi, passe ton pouce et ton index dans le tas de cendres. Frotte-les l'un contre l'autre : il s'en dégagera de la fumée et même une certaine lueur, si tu fais cela dans l'obscurité.

Macabre sable vert et mouvant

Le plus étonnant dans le sable mouvant, c'est qu'on ne peut pas dire si c'est du liquide ou du solide. Voici de quoi fabriquer cette substance mortelle.
Si jamais il t'arrive d'être pris dans de vrais sables mouvants – et que tu n'aies pas ton balai à grande vitesse pour t'en sortir – une chose à éviter absolument : les mouvements brusques.

MATÉRIEL

- Du papier journal.
- Un saladier.
- 500 g de maïzena.
- Un petit bol.
- Des colorants alimentaires jaune et bleu.
- Une grande cuillère.
- 1/2 litre d'eau.
- Un bocal avec couvercle (facultatif).

- Un film plastique (facultatif).

MARCHE À SUIVRE

1. Protège ton plan de travail avec du papier journal. Verse la maïzena dans le saladier.

2. Mélange les colorants dans le petit bol jusqu'à obtenir un vert vif (il faut beaucoup plus de jaune que de bleu). Verse le mélange obtenu dans le saladier et mélange-le à la maïzena.

3. Ajoute lentement de l'eau, malaxe la pâte à la main jusqu'à obtenir la consistance voulue : liquide quand on plonge la main dedans, ferme quand on en tapote la surface. Conserve-le dans un bocal, ou recouvre le saladier d'un film plastique.

L'eau-caméléon

Tu prononces une formule magique pendant que tu verses ton eau-caméléon dans un verre, et elle devient bleu-noir. Tu la reverses dans un autre et elle redevient eau claire. C'est magique !

MATÉRIEL

- **600 ml d'eau.**
- **Une petite casserole.**
- **1 cuillérée à café (5 g) de Maïzena.**
- **Une cuillère à cocktail.**
- **Un grand bocal avec couvercle.**
- **120 ml d'eau oxygénée*.**
- **15 ml de vinaigre blanc.**
- **De l'iode.**
- **Un compte-gouttes.**
- **Un petit flacon de fixateur photographique**.**
- **3 verres transparents avec des fonds épais.**
- **Une cuillère ou une petite baguette magique.**

*Disponible en pharmacie.
**Disponible dans les magasins de photographie.

MARCHE À SUIVRE

1. Verse 1/4 de litre d'eau dans la casserole. Ajoute la Maïzena. Fais chauffer à feu moyen en remuant jusqu'à dissolution de la Maïzena. Laisse refroidir et verse dans le bocal.

2. Ajoutes-y ce qui reste des 600 ml d'eau, plus 120 ml d'eau oxygénée et quelques gouttes de vinaigre. (Tu peux verser le tout dans une belle carafe pour ton numéro de magie.) Remplis de ce mélange le premier verre.

3. Verse quelques gouttes d'iode au fond du deuxième verre. Nettoie bien le compte-gouttes et verse 2 ou 3 gouttes de fixateur dans le troisième verre.

4. Le spectacle peut commencer. Trouve une formule magique. (Par exemple : « Camélé-1, camélé-2, camélé-on ! »). Prononce-la solennellement pendant que tu verses le contenu du 1er verre dans le 2e. L'eau claire devient alors bleu-noir.

5. Prononce de nouveau la formule magique pendant que tu verses le contenu du 2e verre dans le 3e. Agite avec la cuillère à cocktail ou une petite baguette magique. L'eau redevient claire. Mais, attention ! Elle reprendra sa couleur bleu-noir une quinzaine de secondes plus tard.

Chapitre 8

L'ART DE RECEVOIR

Je peux le dire sans fausse modestie, nous, magiciens, savons bien recevoir. Voici quelques recettes qui t'aideront à faire honneur à la profession.
Elles vont de la fabrication d'un masque de chouette à la cuisson d'ailes de chauves-souris, en passant par le découpage du serpent-qui-tourne, un de mes objets préférés.
J'y ai ajouté une petite sélection de formules magiques et de porte-bonheur qui te permettront, au moins, d'alimenter la conversation avec tes amis.

Ce qui est bien avec les magiciens,
c'est que chez eux on ne s'ennuie jamais.

MASQUE de grand duc

Quand j'étais à l'école des sorciers, nous aimions tous les soirées déguisées. Ce masque de grand duc m'a été inspiré par Athéna (ma fidèle chouette).
À partir de ce modèle, tu peux représenter toutes sortes de chouettes. Regarde dans une encyclopédie des oiseaux et essaie d'imiter le dessin et la couleur des plumes. Et si tu as envie plutôt d'une tête de chat ou de rat, modifie la découpe des oreilles et mets une moustache à la place du bec.

MATÉRIEL

- Une photocopie agrandie du masque et du bec (p. 142).
- Une feuille de papier blanc fort.
- Une agrafeuse ou du ruban adhésif.
- Des ciseaux.
- Des instruments de coloriage.
- De la colle blanche.
- Un ruban mince (1,80 m environ).
- Quelques petites plumes (facultatif).

MARCHE À SUIVRE

1. Photocopie le masque et le bec de chouette de la p. 142. Agrandis-les aux dimensions de ton visage. Fixe la photocopie sur la feuille de papier (agrafe ou adhésif).

2. Découpe le papier en suivant les contours du masque et du bec. Découpe éventuellement les yeux.

3. Colorie le masque et le bec en reproduisant l'illustration de cette page ou de toute autre manière.

4. Plie le bec en deux dans sa longueur, puis plie les 2 languettes selon les pointillés.

5. Encolle les languettes et encastre le nez dans le masque.

6. Perce 2 trous aux bords du masque, au niveau des yeux.

7. Coupe le ruban en deux moitiés égales. Plie l'une des deux moitiés en deux. Fais passer l'extrémité pliée dans l'un des trous pour faire une boucle, et fais glisser les deux extrémités libres dans la boucle. Tire jusqu'à ce que le ruban soit serré. Recommence de l'autre côté avec l'autre bout de ruban.

8. Si tu as des plumes, colle-les sur le masque (voir l'illustration).

Le jardin des MOISISSURES

Imagine des doigts de gnome, des ongles de trolls, des entrailles de dragon, des yeux de triton, tout cela délicatement recouvert d'un fin duvet de moisissure et trônant au centre de la table. Crois-moi, le succès auprès de tes invités est garanti. Même si c'est un succès de scandale…

MATÉRIEL

- Un très grand bocal en verre (20 litres) muni d'un couvercle.
- Des ciseaux.
- Un couteau de cuisine.
- Un couteau à éplucher.
- Des cure-dents.
- Quelques uns des ingrédients suivants (si tu veux soigner la présentation, il vaut mieux faire un choix) :
- Des tranches de pain de mie blanc (tranches de fantôme).
- De petites carottes épluchées (doigts de gnome).
- Des raisins blancs (yeux de triton).
- Des pommes de terre non épluchées (ongles de trolls).
- Des pommes, des oranges et des citrons (fruits éclatés).
- Du fromage à pâte cuite (éclats de lune).
- Des tranches d'ananas (cerveau de croquemitaine).
- Des spaghettis cuits (intestins de dragon).

MARCHE À SUIVRE

1. Couche le bocal sur le côté (il est plus facile à remplir), ou laisse-le droit (l'effet produit est meilleur).

2. Prépare les ingrédients choisis puis mets-les dans le bocal :
Tranches de fantôme. Élimine la croûte du pain de mie et découpe les tranches en petits triangles. Fais-en 2 ou 3 tas. Pique dedans des cure-dents pour qu'ils tiennent droit.
Doigts de gnome. Dispose les carottes épluchées debout (Fig. 3) ou empilées (cure-dents utiles).
Yeux de tritons géants. Enlève la peau des grains de raisin et empile-les.
Ongles de trolls. Coupe une pomme de terre non pelée dans la longueur. Pose les deux moitiés à plat et découpe des tranches en demi-lune. Plus la peau est sombre et épaisse, plus les demi-lunes ressemblent à des ongles sales.
Le fruit éclaté. Découpe les pommes, les oranges et les citrons en 4, puis en 8 ou plus. Reconstitue les fruits coupés avec des cure-dents piqués dans les tranches, mais en laissant de l'espace entre elles pour que les fruits aient l'air d'avoir éclaté.
Éclats de lune. Coupe le fromage en cubes et fais-en un tas. J'ai entendu des gens dire que la lune était faite de fromage. En voici la preuve.
Cerveaux de croquemitaine. Découpe des tranches d'ananas en morceau. Dès qu'elles moisissent, on dirait vraiment de la cervelle.
Intestins de dragon. Fais des tas de spaghettis cuits, bien enroulés comme des cordages de bateau. Pour leur cuisson, convoque au besoin une adulte comme aide-cuisinière.

3. Quand tu as mis dans le bocal tout ce que tu voulais, place le bocal dans un endroit chaud et ensoleillé. Pour qu'il ne soit pas bousculé (la moisissure a besoin de calme), coince-le entre deux serre-livres ou deux gros dictionnaires. Laisse-le ouvert pendant une semaine ou deux, pour que les choses commencent à moisir. Dès que l'odeur devient gênante, ferme le bocal avec son couvercle. C'est le moment où le jardin des moisissures devrait prendre toutes sortes de couleurs étonnantes. C'est aussi le moment de le montrer à tes amis. Encore une ou deux semaines et tout ne sera plus bon qu'à faire du compost.

4. Le jour de la présentation au public, tu peux noter sur un papier la liste des ingrédients et demander à tes amis de les identifier.

VERRE VÉNITIEN

Vaisselle pour banquet

Longtemps le verre de Venise a été très recherché et le secret de sa fabrication soigneusement protégé. Les rois et les reines appréciaient beaucoup les flacons et les objets en verre soufflé, multicolores et rehaussés d'or. J'en avais moi-même une petite collection très originale : quand je prononçais une certaine formule magique, les symboles astrologiques de mes invités apparaissaient sur leurs verres. Tu pourras faire presque aussi bien avec de la vaisselle en plastique transparent et de la peinture acrylique.

MATÉRIEL

- Assiettes plates (25 cm environ), verres à pied et bols (facultatif) en plastique transparent.
- Photocopies de symboles astrologiques (p. 42).
- Un crayon.
- Du papier journal.
- Des crayons pailletés or et argent.
- Une éponge, naturelle ou végétale.
- Des assiettes en carton ou des barquettes en polystyrène.
- De la peinture acrylique (2 couleurs vives).

MARCHE À SUIVRE

1. Photocopie les symboles astrologiques de la p. 42. Place les photocopies sur une vitre bien éclairée, le recto vers la vitre, et redessine à l'envers de la feuille les motifs que tu vois en transparence. (Tu peindras le dessous des assiettes et tu as donc besoin d'avoir les modèles inversés.)

2. Protège ton plan de travail avec du papier journal. Peins un symbole en or ou en argent au centre de chaque assiette retournée. Peins d'autres symboles sur le bord. Laisse sécher. Enlève l'excès de peinture à l'éponge humide.

3. Verse environ 15 ml (1 cuillérée) d'une des deux peintures de couleur vive dans une assiette en carton ou une barquette. Trempe l'éponge dans la peinture et tamponne-la sur l'ensemble de l'assiette toujours retournée, mais sans recouvrir toute la surface de l'assiette. Laisse sécher.

4. Répète les étapes 2, 3, et 4 pour toutes les autres assiettes.

5. Répète l'étape 4 avec la deuxième peinture vive, en recouvrant cette fois toute la surface de l'assiette. Laisse sécher.

6. Décore les verres et les bols selon la même méthode. Évite de mettre de la peinture sur le bord des verres, là où tes invités poseront leurs lèvres.

Un festin sorti de rien

Dans l'Orient musulman et en Inde, on trouve des mystiques, des « hommes de Dieu » qui ont un don extraordinaire. Sans effort apparent, ils font surgir de nulle part des objets très divers, souvent petits, comme des pièces de monnaie ou des bijoux, mais parfois assez gros, comme des livres, des fleurs et même des animaux vivants. Il est vraisemblable qu'il y a parmi eux des prestidigitateurs très habiles qui mystifient les gens. Mais certains ne sont pas des imposteurs et pourtant ce qu'ils font est à peine croyable. Sai Baba, un Indien, est ainsi capable de faire sortir de son poing fermé tout un festin. Les plats surgissent tout d'un coup devant vous, depuis les hors-d'œuvre jusqu'au dessert. C'est vraiment très pratique – sauf qu'on ne peut pas choisir soi-même le menu...

Comme beaucoup de gens inventifs, nous autres magiciens avons toujours eu la réputation de savoir faire quelque chose à partir de rien. Nous avons en effet nos méthodes , je ne peux pas en dire plus. Sai Baba est comme nous: il n'a jamais voulu me dire comment il s'y prend.

Pochettes-surprises

Dans certains pays, à Noël, on dispose des pochettes-surprises autour du sapin. Les papiers sont gaiement colorés et, à l'intérieur, on trouve des friandises, ou de petits cadeaux, ou des vœux de Joyeux Noël. Les pochettes peuvent être de toutes les tailles. Je te propose un modèle assez grand. Je m'en faisais parfois de tout petits, contenant mes messages secrets. Je les confiais à ma gentille Athéna qui les transportait discrètement dans ses serres.

MATÉRIEL

- Un morceau de carton ondulé de 13 x 18 cm. Les ondulations doivent être parallèles au côté le plus long.
- 2 feuilles de papier de couleur de format A4, réduites en largeur à 13 cm.
- Du papier de soie.
- Un pinceau.
- Des peintures acryliques or, argent et d'une autre couleur.
- Des ciseaux.
- Une agrafeuse.
- De la colle blanche.

MARCHE À SUIVRE

1. Peins la face lisse du carton avec la couleur de ton choix. Laisse sécher.

2. Décore-la avec des motifs or et argent. Laisse sécher.

3. Retourne le carton. Place dessus les deux feuilles de papier de couleur superposées. Centre-les, en laissant déborder la même hauteur de papier en haut et en bas (5,8 cm). Agrafe-les aux 4 coins du carton.

4. Place ton cadeau ou ton message au centre de la feuille et roule autour les trois épaisseur de papier et de carton, pour en faire un tube. Colle les bords du carton l'un sur l'autre. Bouche chaque extrémité du tube avec une boule de papier de soie.

5. Découpe les deux épaisseurs de papier qui dépassent du carton pour en faire des franges d'environ 6 mm de large. Pour recourber les franges, fais-les glisser entre ton pouce et un objet à arête vive (règle métallique ou ciseaux).

Le repas ENCHANTÉ

CROQUANT

Je n'ai pas toujours été végétarien. Quand j'avais encore de bonnes dents, il y a 300 ans, je me régalais de bison et de sanglier. Puis je suis passé à la dinde et au merlan, et j'ai encore un faible pour le boudin blanc. Certains de mes confrères sont friands d'ailes de chauves-souris. En voici une recette. À défaut de chauves-souris, prends des ailes de poulet. Elles feront l'affaire.

MATÉRIEL

- 1/4 litre d'eau.
- 80 ml de liquid smoke.
- 2 cuillérées (30 ml) de Worcester sauce.
- 3 cuillérées (45 ml) de persil séché.
- 1/2 cuillérée (7 g) de paprika.
- 3 g (moins d'une petite cuillérée) de poudre d'ail.
- Même quantité de sel et de poivre.
- 16 ailes de poulet.
- Un grand sac pour produits alimentaires.
- Un saladier.
- Un plat à four creux.

MARCHE À SUIVRE

1. Verse l'eau dans le saladier. Ajoutes-y tous les ingrédients, du liquid smoke au poivre. Mélange bien. C'est la marinade.

2. Mets les ailes de poulet dans le grand sac. Verse par-dessus le contenu du saladier. Referme le sac. Vérifie que toutes les ailes baignent dans la marinade.

3. Place le sac dans le réfrigérateur et laisse mariner 1 heure ou 2. Retourne le sac une fois. Fais préchauffer le four (thermostat 6).

4. Jette la marinade et place les ailes dans le plat à four.

5. Quand le four est chaud, avec l'aide d'un adulte, mets les ailes à cuire pendant 1/2 heure. Fais-les enfin dorer au grill 3 à 5 minutes. Surveille-les pour éviter qu'elles brûlent.

6. Sors-les du four et laisse-les refroidir tranquillement. (Il y a peu de risque qu'elles s'envolent.)

BISCUITS
d'arbre pétrifié

Il va sans dire qu'on ne doit jamais s'amuser à jeter des sorts qui risquent de transformer en pierre un être vivant. Même s'il s'agit d'un camarade insupportable, d'un chien qui aboie sans arrêt ou d'une fleur qui vous fait éternuer. Mais si tu as une envie irrésistible de pétrifier tes invités, offre-leur ces gâteaux. Avec un peu de chance, ils seront tous pétrifiés en effet. D'admiration.

MARCHE À SUIVRE

1. Préchauffe le four (thermostat 5 pour un plat en verre et 6 pour un en aluminium).

2. Mets le beurre (ou la margarine) dans le plat et fais-le fondre quelques minutes aidé d'un adulte. Sors le plat du four.

3. Verse les miettes de biscuit sur le beurre fondu. (Pour émietter les biscuits, mets-les entre deux feuilles de papier paraffiné et écrase-les avec le rouleau à pâtisserie.)

4. Verse le lait condensé sur les miettes.

5. Dispose une couche régulière de chacun des ingrédients suivants, dans l'ordre : raisins secs, noix, chocolat, granola.

6. Pose sur le tout une feuille de papier paraffiné et, à la main ou avec le fond du verre mesureur, tasse le contenu du plat.

7. Retire le papier paraffiné. Avec un adulte, mets le plat au four et fais cuire de 25 à 30 minutes, jusqu'à ce que la croûte soit légèrement brunie. Sors le plat du four.

8. Laisse refroidir 15 minutes, puis mets le plat dans le réfrigérateur pendant 1 heure.

9. Sors le plat et découpe son contenu en petits gâteaux carrés ou rectangulaires. Sors-les avec la spatule.

10. Si tes invités t'en ont laissé (mauvais signe, peut-être), conserve-les au réfrigérateur dans une boîte fermée.

MATÉRIEL

(Pour une douzaine de biscuits.)

- 50 g de beurre ou de margarine.
- 200 g de miettes de biscuits.
- 150 ml de lait condensé sucré.
- 100 g d'éclats de chocolat à dessert ou de chocolat à la menthe.
- 100 g de raisins secs coupés en petits morceaux.
- 100 g d'éclats de cerneaux de noix (ou de graines de tournesol non salées).
- 100 g de Granola.
- Un petit plat à four en verre ou en aluminium (environ 20x15cm).
- Un verre mesureur.
- Du papier paraffiné.
- Un rouleau à pâtisserie (facultatif).
- Un couteau émoussé (qui ne raye pas).
- Une spatule.

SUCRE candi

Le cristal de roche est une des merveilles de la nature. Mais il ne se mange pas. Le sucre candi est aussi beau et, lui, il se croque. En voici la recette. Elle exige beaucoup de patience, une qualité qu'il vaut la peine, crois-moi, de développer.

MATÉRIEL

- **200 g de sucre cristallisé.**
- **120 ml d'eau.**
- **Du colorant alimentaire.**
- **Une casserole de taille moyenne.**
- **Deux bocaux résistant à la chaleur.**
- **Un couteau qui ne raye pas.**

MARCHE À SUIVRE

1. Verse le sucre dans la casserole, ajoute l'eau sans remuer.

2. Fais bouillir pendant 1 minute, toujours sans remuer. Un adulte t'aide, n'est-ce pas ?

3. Ajoute quelques gouttes de colorant pendant l'ébullition.

4. Verse délicatement le contenu de la casserole dans le bocal.

5. Couvre le bocal, sans le fermer hermétiquement : il faut que l'eau puisse s'évaporer. Laisse le bocal tranquille pendant 2 semaines (je t'avais dit qu'il fallait de la patience). Tu as juste le droit de regarder. Quand une croûte commence à se former à la surface, brise-la délicatement avec un couteau pour que toute l'eau puisse s'évaporer. Ne secoue jamais le bocal.

6. Quand tout le contenu est cristallisé, décolle-le du bocal avec un couteau. Et déguste ton sucre candi.

Boisson glacée au potiron

MATÉRIEL

- **350 g de potiron cuit et refroidi.**
- **600 g de glace à la vanille.**
- **100 g de glace pilée.**
- **100 g de miel.**
- **Une pincée (2 g) de poivre de la Jamaïque.**
- **Une pincée de cannelle.**
- **Quelques gouttes d'extrait de vanille.**
- **Un mixer.**
- **4 grands verres mis au congélateur pendant 1 heure.**

MARCHE À SUIVRE

1. Mixe le potiron, la glace à la vanille, la glace pilée et le miel, jusqu'à obtenir un mélange onctueux.

2. Ajoute le poivre, la cannelle et l'extrait de vanille, et mixe pendant 1 minute.

3. Sers dans les verres glacés.

Boules de gomme tous parfums

Tous les parfums sont possibles : framboise, pomme, sel de Guérande, anchois, chocolat, épinard, gingembre, etc. Mais certains sont plus agréables que d'autres... Voici une recette avec du citron.

MATÉRIEL

- **2 ou 3 cuillérées de beurre.**
- **400 g de sucre cristallisé.**
- **125 ml d'eau + 125 ml pour dissoudre la gélatine.**
- **1 boîte (4 paquets) de gélatine ordinaire.**
- **Le jus d'un citron.**
- **Le zeste d'une orange non traitée.**
- **2 à 4 gouttes de colorant alimentaire.**
- **100 g de sucre en poudre extra-fin.**
- **Un petit plat à four carré (environ 20 x 20 cm).**
- **Une casserole de taille moyenne.**
- **Une cuillère en bois.**
- **Un pinceau à pâtisserie.**
- **Un couteau.**
- **Des ciseaux.**

MARCHE À SUIVRE

Une recette idéale pour celles et ceux qui adorent se barbouiller les doigts et le reste, quand ils font la cuisine.

1. Condition essentielle pour que la recette réussisse : un plat dans lequel la gomme ne risque absolument pas d'attacher. Commence donc par beurrer le plat soigneusement et abondamment, puis mets-le de côté.

2. Mélange le sucre cristallisé et 125 ml d'eau dans la casserole. Porte à ébullition à feu moyen. Remue bien, et nettoie régulièrement les bords de la casserole avec le pinceau à pâtisserie bien mouillé, pour empêcher le sucre de cristalliser.

3. Mets la gélatine dans le saladier et fais-la dissoudre dans le reste d'eau pendant 5 minutes.

4. Ajoute la gélatine au contenu de la casserole, laisse bouillir 15 minutes en remuant – et sans t'éclabousser.

5. Ajoute le jus de citron et le zeste d'orange, laisse bouillir 5 autres minutes. Ajoute le colorant. Remue.

6. Verse le tout dans le plat beurré. Laisse durcir pendant 3 heures environ.

7. En attendant l'opération suivante, occupe-toi intelligemment : nettoie les ustensiles, aide à ranger la maison, observe le vol des oiseaux, occupe-toi de ton petit frère, etc.

8. C'est le moment ! Beurre abondamment le couteau, les ciseaux et tes doigts (oui, même les doigts, et sans les lécher, s'il te plaît). Coupe la gomme en petits cubes, avec le couteau et les ciseaux. Roule les cubes pour en faire de petites boules, ou des cônes. Roule-les dans le sucre extra-fin. Les boules se tasseront un peu, c'est normal. Elles se conserveront plusieurs semaines dans une boîte bien fermée.

Note : Si tu veux confectionner en une seule fois des boules de parfums différents, le plus simple est d'avoir autant de petites casseroles et de plats que de parfums. Arrivé à l'étape 5, répartis le contenu de la moyenne casserole dans les différentes petites, ajoute le parfum et continue de suivre la recette. Pour les proportions, inspire-toi de la recette ; par exemple, si 1/4 des boules seulement devaient être parfumées au citron, il faudrait verser seulement 1/4 de jus de citron et de zeste d'orange.

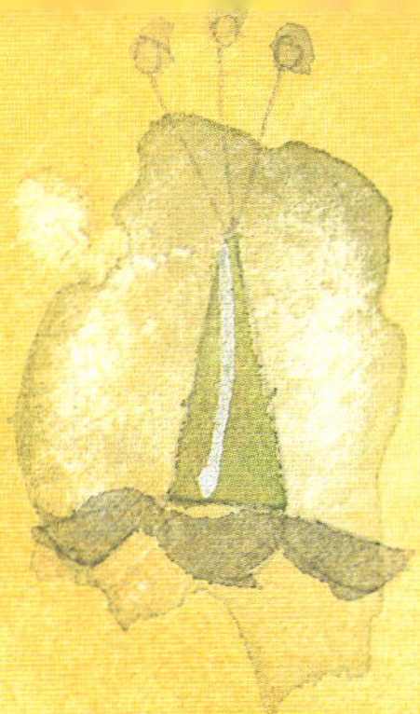

POST-CUISINUM

Pour d'autres parfums, tu peux trouver des extraits ou des huiles aux rayons d'alimentation ou en pharmacie. Les extraits sont deux fois plus puissants que les huiles. Les parfums perdent de leur intensité avec le temps. N'en achète donc pas trop à la fois. Voici quelques suggestions pour 70 boules de gomme environ :

- **Poivre de Cayenne : 2 g**
- **Huile d'anchois : 1 ml**
- **Poudre d'ail ou d'oignon : 2 g**
- **Acide citrique : 0,5 g**
- **Huile de cannelle, de menthe, d'anis ou de clou de girofle : 1 ml**

Enchantés DE NOTRE SOIRÉE

Les grandes magiciennes, les vrais enchanteurs adorent s'amuser. Ils trouvent toujours quelque chose à fêter. Départ en voyage sur une queue de comète, découverte d'une puce-éléphant, anniversaire de la chouette du voisin, tout leur est bon.

Voici quelques idées pour décorer et animer une soirée « enchanteresse ». Offre à chacun de tes invités un ballon de baudruche de la couleur de son signe astrologique (voir p. 105). Donne-leur des crayons, des papiers de couleur et des ciseaux pour décorer l'arbre avec leurs signes du zodiaque (p. 42).

Dispose dans la pièce de petites citrouilles avec des lampes à l'intérieur. Et avec la permission de tes parents, allume des bougies flottantes (p. 49) là où elles ne risquent pas de provoquer un incendie.

Recouvre la table de draps célestes (p. 60), et prévois des guéridons pour les diseuses de bonne aventure, avec boules de cristal (p. 53) et instructions pour lire les lignes de la main (p. 138).

Si tu as un éclairage ultra-violet (disponible en quincaillerie), ta soirée peut être hantée. Attache au plafond des ballons de baudruche peints en noir, sur lesquels tu auras dessiné, avec une peinture spéciale, des visages de fantômes effrayants ou amusants. Éteins les lumières ordinaires, allume l'éclairage ultra-violet et tes invités verront que ta maison est vraiment hantée.

Coffret au dragon

Voici un superbe coffret pour mettre à l'abri tes trésors. Un dragon ailé et qui souffle le feu monte la garde sur le couvercle.

MATÉRIEL

- Des photocopies du dragon et des motifs décoratifs de la p.143.
- Une boîte à cigares de 24 x 15 x 4,4 cm.
- Une grande feuille de carton.
- Des ciseaux.
- Un crayon.
- Des feuilles de papier blanc.
- Un crayon à bille (pointe moyenne).
- Une règle.
- Du papier d'aluminium.
- Du scotch de peintre.
- Des baguettes (les fourchettes asiatiques). Une seule suffira.
- De la colle épaisse (colle forte en tube par exemple).
- De la colle blanche.
- Des serviettes en papier.
- Du carton épais (pour tapisser la boîte), 41 x 51 cm.
- 25 cm environ de tissu de décoration léger.
- Des pinces à linge ou à dessin.
- Une feuille de polystyrène, 23 x 30 x 0,5 cm.
- Des pierres rondes.
- Du papier de verre à grain très fin.
- Un pinceau de 2,5 cm.
- Du colorant acrylique sombre.

MARCHE À SUIVRE

Transfert des motifs

1. Recouvre ton plan de travail de la grande feuille de carton.

2. Sépare la boîte à cigares de son couvercle, en coupant le papier à la hauteur de la charnière.

3. Dessine au crayon, sur les feuilles de papier blanc, les contours du couvercle et des 4 côtés de la boîte (Fig. 1).

4. Photocopie les motifs décoratifs et le dragon de la p.143 et agrandis-les aux dimensions de la boîte.

5. Reporte le dragon et les 4 motifs sur les feuilles de papier blanc, aux endroits correspondant à chacun. Découpe ensuite les 5 rectangles (couvercle et 4 côtés).

6. Déroule une longueur de papier d'aluminium suffisante pour y reproduire toutes les faces de la boîte, et répète l'étape n° 3 mais :
(1) avec un crayon à bille,
(2) en dessinant aussi le contour du fond de la boîte,
(3) en laissant un espace d'environ 5 cm entre chaque contour (Fig. 2).

7. À 2 cm des bords de chaque contour (couvercle, côtés, fond), trace une ligne avec la règle et le crayon à bille, en appuyant fort, pour préparer la découpe (Fig. 3). Découpe les 6 rectangles.

8. Place-les face brillante sur le carton (sauf le rectangle correspondant au fond qui ne sera pas décoré). Empêche-les de glisser en fixant leurs bords sur le carton avec le scotch de peintre.

9. Place sur eux les rectangles de papier blanc correspondants, face dessinée vers toi.

10. Repasse sur les dessins avec le crayon à bille, en appuyant fort, pour imprimer les dessins sur le papier d'aluminium.

11. Retire les rectangles de papier blanc et repasse au crayon à bille sur les dessins imprimés dans le papier d'aluminium, sans le transpercer.

Mise en relief des motifs

Il s'agit maintenant de donner du relief aux motifs dessinés sur les feuilles d'aluminium.

1. Frotte l'espace qui entoure le dragon et les motifs décoratifs avec le bout d'une baguette (Fig.4). Plus fort tu presseras et plus net sera le relief.

2. Retourne les feuilles et répète l'opération.

3. Retourne de nouveau les feuilles et remplis les espaces qui doivent être en relief avec de la colle épaisse. Laisse sécher une nuit.

Fixation des motifs sur la boîte

1. Coupe les coins de la feuille d'aluminium correspondant au fond de la boîte (Fig. 5).

2. Enduis l'ensemble de la feuille de colle blanche.

3. Place la boîte sur la feuille en la centrant bien. Replie les 4 rabats sur les 4 côtés de la boîte (Fig. 7). Lisse la feuille pour qu'elle adhère bien au fond de la boîte. Enlève l'excès de colle.

4. Répète les étapes 1 à 3 avec la feuille correspondant au couvercle, en repliant les rabats sur l'envers du couvercle (Fig. 6).

5. Procède de même pour le devant et l'arrière de la boîte. Colle les feuilles l'une après l'autre. Pour chacune, replie d'abord le rabat du bas sur l'aluminium qui recouvre déjà le fond de la boîte. Replie ensuite le rabat du haut sur la paroi intérieure de la boîte et les 2 rabats latéraux sur les 2 côtés du coffre.

6. Procède de même pour les 2 côtés, mais coupe d'abord les 2 rabats latéraux : tu n'auras à coller que le rabat du bas sur le fond de la boîte et celui du haut sur la paroi intérieure.

Tapisser l'intérieur de la boîte

1. Découpe une feuille de carton fort aux dimensions du fond de la boîte, moins 1 mm : le carton doit avoir un petit peu de jeu. Coupe un morceau de tissu, plus grand que le carton de 3 cm, en longueur et en largeur.

2. Coupe les coins du tissu comme tu as coupé ceux des feuilles d'aluminium.

3. Enduis de colle l'une des faces du carton. Place dessus le tissu (l'envers sur le carton). Assure-toi qu'il est

bien centré et ne fait pas de plis. Appuie dessus pour qu'il adhère au carton. Retourne le carton, enduis de colle les 4 bords sur environ 1,5 cm. Replie les rabats de tissu sur le carton. Enduis d'une épaisse couche de colle tout le reste du carton. Retourne-le et place-le au fond de la boîte. Pose dessus une boîte de conserve ou un autre objet lourd et laisse sécher.

4. Découpe 2 morceaux de carton aux dimensions intérieures des deux petits côtés de la boîte, moins 6 mm en hauteur (pour que le couvercle puisse s'encastrer dans la boîte). Colle du tissu sur les deux morceaux de carton comme tu l'as fait pour celui du fond. Colle les deux cartons sur les deux côtés. Maintiens-les serrés avec des pinces.

5. Répète l'opération pour les deux autres côtés, en tenant compte, pour les dimensions, de l'épaisseur des deux cartons déjà mis en place.

6. Découpe un morceau de polystyrène aux mêmes dimensions que le carton du fond.

7. Découpe un morceau de tissu plus grand que le polystyrène de 3 cm (comme pour le fond). Répète les étapes 2 et 3 avec le tissu, le polystyrène et l'envers du couvercle, en centrant le polystyrène sur l'envers du couvercle, pour que celui-ci repose sur les 4 bords de la boîte (Fig.8). La boîte à cigares est devenue coffret.

Finitions

1. Colle les pierres sur les côtés du coffret (Fig. 8).

2. Frotte légèrement l'aluminium au papier de verre très fin, pour qu'il accroche le colorant acrylique.

3. Applique le colorant sur l'aluminium, en particulier sur tous les contours des motifs. Enlève l'excès avec les serviettes en papier, pendant qu'il est encore frais. Nettoie, au besoin, les pierres. Traite un côté à la fois, et mets plusieurs couches si tu veux vieillir l'apparence du coffret.

TASSÉOGRAPHIE

L'Art de lire dans les feuilles de thé

Dans une tasse de thé, ce qui t'intéresse c'est le liquide, je pense, surtout accompagné d'un petit gâteau. Mais ce qui intéresse les diseurs de bonne aventure, ce sont les feuilles qui restent au fond de la tasse quand on l'a vidée. Elles forment des dessins dans lesquels ils lisent l'avenir. Joue avec tes amis à lire votre avenir dans le thé. Ce sera une bonne occasion de manger des gâteaux...

MATÉRIEL

- Une théière.
- Du thé en vrac (pas de sachet).
- Des tasses (évasées avec un petit fond) et leurs soucoupes.
- Des petits gâteaux.

MARCHE À SUIVRE

1. Mets de l'eau à chauffer (avec l'aide d'un adulte). Dans la théière, verse 2 petites cuillérées de thé (28 g) : 2 pour 2 tasses, 3 pour 3 tasses, etc. Quand l'eau commence à bouillir, verse-la dans la théière. Laisse infuser 5 à 10 minutes.

2. Remplis les tasses en laissant passer le plus de feuilles possible. Buvez tranquillement votre thé, mais pensez à laisser un peu de liquide au fond.

3. Maintenant, au travail ! Remuez vos tasses pour faire tourner les feuilles trois fois dans le sens de la montre. (Les droitiers doivent tenir leur tasse de la main gauche et les gauchers de la droite.) Retournez vos tasses et posez-les à l'envers sur leur soucoupe. Remettez les tasses à l'endroit.

4. Et voici l'heure des révélations. Observez les formes et la place des feuilles collées sur les parois de la tasse, pour y déchiffrer l'avenir.
L'anse de la tasse représente la personne qui la tenait : ce qui est près de l'anse est ce qui a le plus d'importance pour elle. Le bord de la tasse représente le présent ; en descendant vers le fond on s'avance vers l'avenir.
En général, les feuilles qui dessinent des formes assez nettes sont signes de chance. Les formes peu nettes annoncent un avenir plus difficile. Des lignes droites signifient des projets bien arrêtés et des lignes sinueuses des hésitations. Des chiffres lisibles dans la moitié supérieure de la tasse représentent des heures ou des jours, ceux du fond des mois ou des années. Si on peut distinguer des lettres, on dit que ce sont les initiales de personnes qui auront de l'importance dans votre vie. En faisant un petit effort on peut identifier bien d'autres formes. Je t'en propose quelques unes avec leur valeur symbolique.
Avec tout cela, et si vous avez un peu d'imagination, vous pouvez vous prédire les avenirs les plus radieux ou les plus tragiques.
Bonne chance !

Note : Si la variété de thé que tu as choisie ne donne aucune forme identifiable essaies-en une autre (demande conseil à un marchand de thé).

Arbre = Réussite

Ballon = Fin des ennuis

Bateau = Voyage

Carré = Protection

Cercle = Frustration

Chaise = Un hôte

Chat = Un(e) ami(e)

Château = Argent

Chien = Un(e) bon(ne) ami(e)

Ciseaux = Dispute

Clef = Occasion

Cloche = Bonnes nouvelles

Cœur = Amour

Couteau = Malentendu

Croix = Pas de chance !

Drapeau = Avertissement

Éléphant = Conseil d'ami

Étoile = Succès

Fleur = Amour et honneur

Homme = Visiteur

Jardin = Prospérité

Livre = Sagesse

Nuage = Doute

Oiseau = Bonne (ou mauvaise) nouvelle

Porte = Occasion

Roue = Argent

Serpent = Ennemi

Trèfle = Bonne chance !

Triangle = Chance

Chromatrope

Voici un phénomène qu'on appelle persistance des images rétiniennes : l'image que notre œil perçoit reste imprimée sur la rétine (au fond de l'œil) pendant une fraction de seconde. Grâce à cela, quand on nous projette très rapidement une suite d'images immobiles et séparées les unes des autres, nous avons pourtant l'impression d'un mouvement continu. C'est le cinéma. Je te propose un objet simple et amusant qui fonctionne selon ce principe.

MATÉRIEL

- Des photocopies des modèles de la p. 143.
- Des ciseaux.
- Du carton léger.
- De la colle.
- Un crayon.
- Crayons de couleurs, feutres.*
- 1 m de ficelle fine.

*N'utilise pas plus de 4 couleurs. Au-delà, le phénomène est peu net. Pour la même raison, si tu fais tes propres dessins, fais-les simples.

MARCHE À SUIVRE

1. Photocopie deux des motifs du haut de la p. 143.

2. Découpe-les et colle-les sur le carton. Découpe les deux cercles de carton aussi régulièrement que possible, et colle-les dos-à-dos. Tu as maintenant un disque double face. Colorie les motifs.

3. Perce un trou dans les deux petits cercles dessinés près du centre du motif. Utilise un crayon effilé ou un objet plus dur, si le carton est résistant.

4. Enfile la ficelle dans un trou puis dans l'autre, noue les extrémités. Maintenant le disque peut coulisser sur les deux brins de ficelle qui le traversent. Place-le au milieu. Demande l'aide d'un assistant : fais-lui tenir fermement les deux extrémités de la ficelle bien tendue. Fais tourner le disque sur lui-même autant que tu le peux, sans le lâcher. Quand la ficelle est entortillée au maximum, lâche le disque. Pendant qu'il tourne, tu devrais voir en même temps les images coloriées des deux faces du disque.

Le serpent-qui-tourne

Tout le monde ne sait pas que l'air chaud monte. Nous autres qui le savons depuis des siècles, nous avons impressionné bien des ignorants avec ce serpent-qui-tourne. À ton tour de briller. Tiens ta main parfaitement immobile, prononce la formule appropriée, et les spectateurs se demanderont, émerveillés : « Mais comment fait-il donc ? »

MATÉRIEL

- Une photocopie du serpent de la p. 142.
- Du papier blanc lourd (450 g.).
- Une agrafeuse.
- Des ciseaux.
- Des crayons de couleurs, des feutres.
- Une aiguille et du fil.
- Une petite lampe avec une ampoule électrique (tu peux retirer l'abat-jour).

MARCHE À SUIVRE

1. Photocopie le serpent de la p. 142.

2. Agrafe la photocopie sur le papier blanc.

3. Découpe soigneusement la spirale du serpent. Dégrafe la photocopie.

4. Colorie le serpent, si tu le souhaites. Avec des bandes de couleurs contrastées comme sur l'illustration, par exemple.

5. Prépare une aiguillée de 30 cm environ. Fais un nœud à l'extrémité du fil. Perce un trou avec l'aiguille dans le bout de la queue du serpent, et fais passer le fil dedans jusqu'à ce que le nœud le bloque. Sors le fil de l'aiguille.

6. Suspends le serpent au bout de son fil, à quelques centimètres au-dessus de l'ampoule. Quand tu allumeras la lampe, le serpent se mettra à tourner.

Petit livre de magie blanche

SORTS, FORMULES MAGIQUES, CHARMES RÉJOUISSANTS, DIVINATION

Pour jeter ou conjurer un sort, on peut utiliser des mots (Abracadabra), des choses (un trèfle à quatre feuilles), ou des rituels (porter des socquettes rouges les jours de match). Pour dire l'avenir, les hommes ont inventé toutes sortes de moyens : les cartes, les feuilles de thé, les lignes de la main, etc.

Quand et comment jeter un sort ?
Le premier jour du mois est un bon jour. Il y a de l'espoir. On recommence quelque chose de nouveau. Le meilleur premier jour est évidemment le premier jour du premier mois de l'année. Et, surtout de la première année du premier siècle d'un millénaire. (Ce livre arrive un peu tard, c'est vrai, j'en suis désolé.)

Autrefois, certains magiciens faisaient brûler de l'encens en même temps qu'ils jetaient un sort. Ils étaient sûrs, au moins, de respirer un parfum agréable.

Objets porte-bonheur
Le fer d'une météorite est réputé avoir une puissance particulière parce qu'il vient du ciel. Si jamais il en tombe une dans ton jardin, laisse-la refroidir, enterre-la et fais un vœu.
On dit aussi que les clefs peuvent servir à conjurer le mauvais sort.
On en trouve de très grosses dans les brocantes ou les vide-grenier.
Achètes-en une. Nettoie-la.
Elle pourra décorer ta chambre.
(Ce sera plus original qu'un fer à cheval.)

Formules de métamorphose. Mots magiques
D'après le médecin de l'empereur Septime Sévère, le mot ABRACADABRA écrit comme il l'est ici, avait le pouvoir de guérir la fièvre : elle diminuait comme lui. Si tu l'écris dans l'autre sens, peut-être réussiras-tu à faire pousser plus vite les rosiers de ton jardin, ou même à gonfler tes pneus de bicyclette sans avoir à pomper.
Les formules magiques sont souvent faites de mots qui vont croissant ou décroissant, pour augmenter leur puissance ou réduire celle d'une force contraire. On peut en inventer avec des prénoms. Par exemple : Ray, Raymond, Raymondo, Raymondodo, ou Al, Ali, Alicia, Aliciana, Alicianana, ou Val, Valé, Valérie, Valériquiqui, etc.

Nœuds
Savais-tu que les mots russe et hébreu qui désignent le magicien se traduisent par « celui qui noue les nœuds » ? En araméen, le même mot veut dire nœud et sortilège. On dit qu'en faisant un nœud à des ficelles, des bouts de laine, des foulards, des mouchoirs, on obtient des résultats. Par exemple, on décide que le nœud représente une grave préoccupation, on l'enterre et la préoccupation avec lui. Ou on noue son foulard un soir de pleine lune, en pensant très fort à quelqu'un et ce quelqu'un va devenir

amoureux de vous. C'est une perspective très réjouissante. Ou on fait un nœud à son mouchoir pour ne pas oublier une chose importante et on y pense en effet, surtout si l'on est enrhumé.

Guérison

Dans certaines provinces françaises, on disait que, pour guérir un malade, il fallait tourner trois fois la main gauche autour de l'endroit où il avait mal, dire en même temps : « Mauvais mal, on dit que tu as autant de racines ici que Dieu a d'amis dans le ciel » et répéter la même cérémonie trois jours de suite, avant l'aurore.

Amour et amitié

Les Gitanes pensaient que les fées faisaient, aux branches des saules, des nœuds dotés d'un grand pouvoir amoureux. Si on en trouvait un, il suffisait de le mettre sous son oreiller et l'on était sûr d'être aimé de qui l'on voulait.
Comment savoir le nom de qui t'aimera plus tard ? Écris les lettres de l'alphabet au feutre indélébile sur de petits carrés de carton. Retourne les cartons et mets-les dans un grand saladier plein d'eau. Laisse passer une nuit. Au matin, certains cartons se sont retournés : ils te montrent les initiales de ton futur grand amour. Et s'ils se sont tous retournés ? C'est que tout le monde t'aimera !

Chance et malchance

Un fer à cheval est un porte-bonheur. Chaque trou sans clou est une année de chance. Pour retenir la chance chez soi, il faut clouer solidement le fer à la porte de sa maison, la partie arrondie en bas, comme un U.
Pour chasser le mauvais œil, remplir à moitié une bouteille avec des clous ou d'autres objets pointus, l'enterrer et ne jamais la déterrer.
Les trèfles à quatre feuilles aussi sont des porte-bonheur. La première feuille à gauche de la tige apporte la célébrité, la seconde l'argent, la troisième l'amour et la quatrième la santé.
Une abeille dans la maison, et la chance y est aussi. L'abeille apporte sagesse, bonheur et prospérité.
Ne pas se débarrasser des araignées : les petites araignées tissent dans la maison la toile de la chance. Enfin, ne jamais écraser une coccinelle, cela porte malheur. Mais qui aurait l'idée de faire du mal à une petite bête si jolie et si inoffensive ?

Vœux

Quand on voit une étoile filante, faire trois vœux, avant qu'elle disparaisse. (Il faut vraiment faire très vite !)
Écrire un vœu sur une feuille de laurier (avec un stylo-bille à pointe fine, de préférence). Enterrer la feuille et attendre que le vœu se réalise. Si cela tarde, ne pas hésiter à réécrire le vœu plus lisiblement, et ajouter éventuellement une fleur de souci, décorative, au moins, si elle n'est pas efficace.
Pour que les rêves se réalisent, glisser un brin de lavande sous l'oreiller.
Si les légendes montrent souvent un génie sortant d'une bouteille, il y a sûrement une raison. Écris un vœu sur un morceau de papier, mets-le dans une bouteille bien bouchée et lance la bouteille à la mer. Qui sait ?...

Protection

As-tu déjà eu l'impression que quelqu'un te jetait le « mauvais œil » ? Si oui, tu peux essayer quelques moyens de défense originaux : opposer au mauvais œil un œil de triton de ta fabrication (p. 86), transporter avec toi des clochettes ou une gousse d'ail, ou simplement nouer un ruban à l'un de tes sous-vêtements (peut-être efficace, sûrement discret).

L'AVENIR EST À PORTÉE DE MAIN ou comment lire les lignes de la main

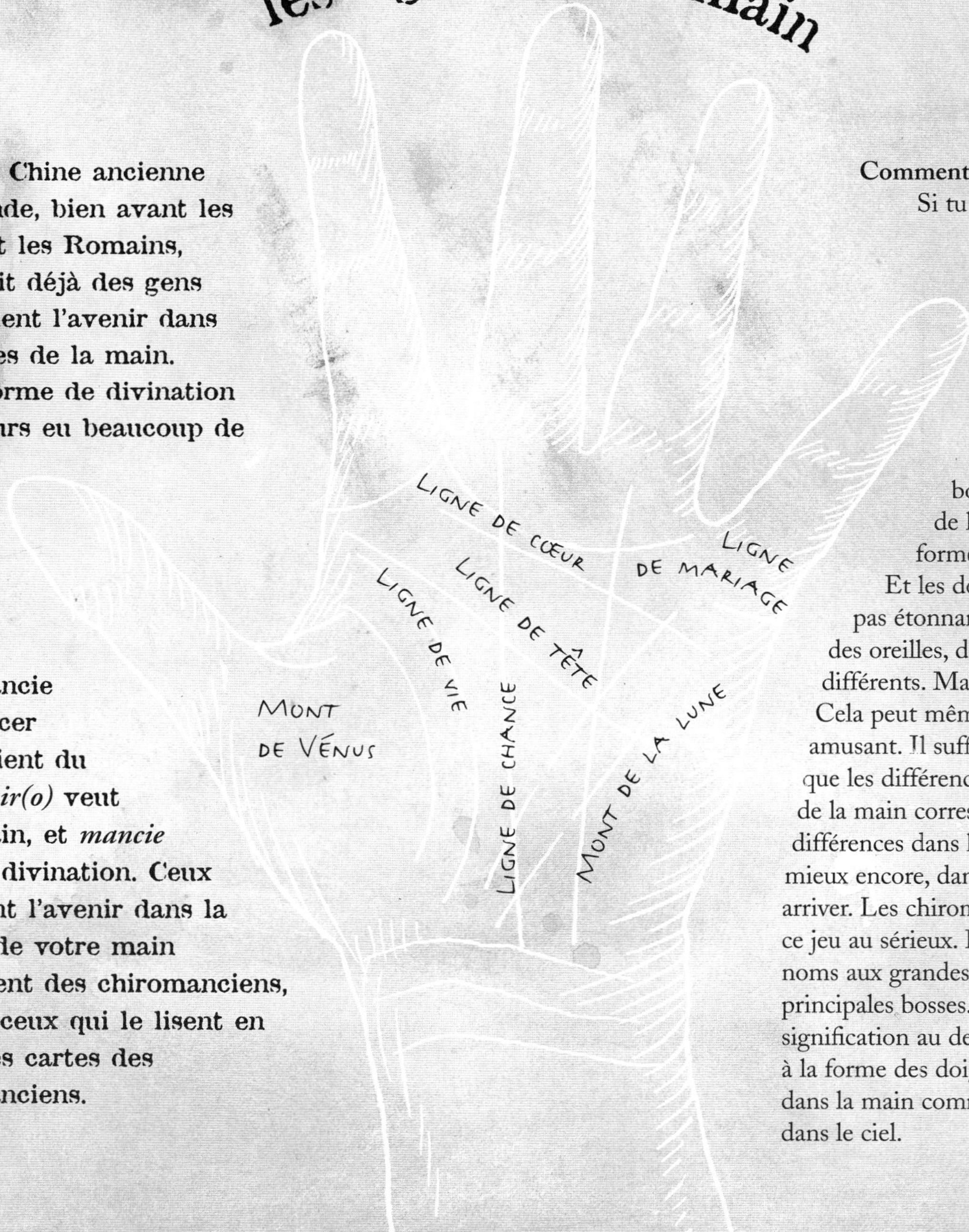

Dans la Chine ancienne et en Inde, bien avant les Grecs et les Romains, il y avait déjà des gens qui lisaient l'avenir dans les lignes de la main. Cette forme de divination a toujours eu beaucoup de succès.
Elle a un nom savant : la chiromancie (prononcer *ki*). Il vient du grec : *chir(o)* veut dire main, et *mancie* signifie divination. Ceux qui lisent l'avenir dans la paume de votre main s'appellent des chiromanciens, comme ceux qui le lisent en tirant les cartes des cartomanciens.

Comment fait-on ?

Si tu as déjà regardé la paume de ta main en la repliant un peu, tu as vu qu'elle est pleine de lignes et de bosses. Toutes les mains ont des lignes et des bosses, mais toutes de longueurs et de formes différentes.
Et les doigts aussi. Ce n'est pas étonnant : nous avons tous des oreilles, des lèvres, des yeux différents. Mais c'est curieux. Cela peut même devenir amusant. Il suffit d'imaginer que les différences dans le dessin de la main correspondent à des différences dans le caractère et, mieux encore, dans ce qui va vous arriver. Les chiromanciens prennent ce jeu au sérieux. Ils ont donné des noms aux grandes lignes et aux principales bosses. Ils attribuent une signification au dessin des lignes et à la forme des doigts, et ils lisent dans la main comme les astrologues dans le ciel.

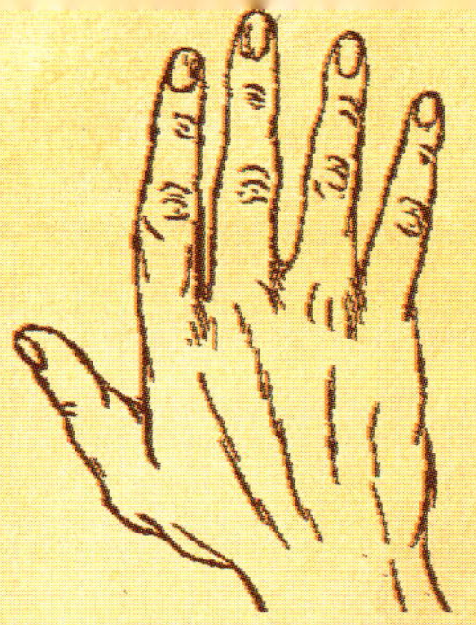

Dispositions artistiques

Dons médiumniques

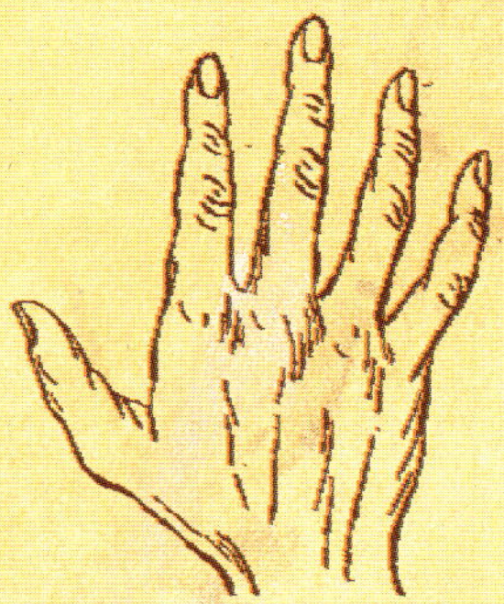

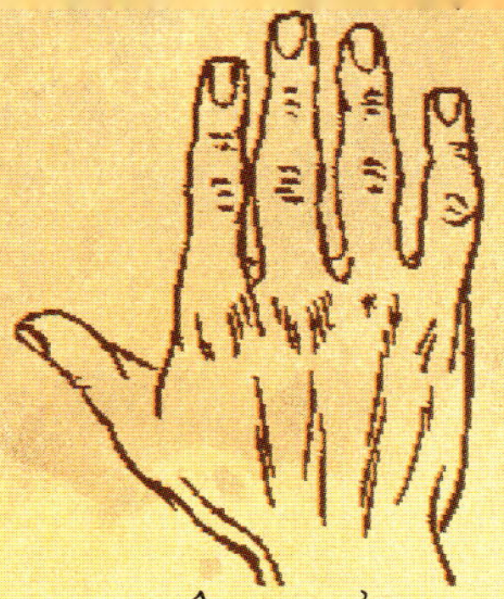

Goût de l'action

Si tu veux jouer comme eux, je te conseille de le faire avec quelques amis. Vous serez plusieurs à interpréter les mêmes signes, vous ne serez pas d'accord, vous discuterez. Il y aura, je te le garantis, beaucoup d'animation.
Et maintenant, voici les règles du jeu. Étudie d'abord le dessin que je t'ai fait et regarde ensuite une vraie main. Quand on est droitier, la main gauche montre la destinée qui vous attend et la droite la manière de l'accomplir. Pour les gauchers, c'est l'inverse.
Des lignes profondes et bien dessinées appartiennent à quelqu'un qui vit sa vie avec intensité, qui connaît de grands bonheurs et parfois de grands chagrins. Une peau fine annonce une nature raffinée et active. Une main allongée et des doigts fuselés révèlent des dons artistiques et une nature réfléchie. Une main large, carrée appartient à une personne solide, active, qui a le sens pratique. De longs doigts sont signe de douceur et d'idéalisme. Des doigts pointus révèlent une tendance à l'excès, des doigts ronds et plats un goût pour la vie au grand air. Un pouce dont la première phalange est longue témoigne d'un esprit rationnel ; une deuxième phalange courte indique un manque de volonté.
Dans les lignes, la plus importante est la ligne de vie. Ses différentes parties correspondent aux différentes époques de la vie. Si la ligne de vie est doublée d'une autre, plus près du mont de Vénus, c'est un signe de chance et d'énergies favorables. Une ligne de vie qui monte très haut est signe d'ambition. Si elle fait une belle courbe autour du mont de Vénus, c'est un signe de générosité. La ligne de vie et la ligne de tête sont reliées par de petites lignes. Leur place sur la ligne de vie indique à quel moment on atteindra des buts importants. Si la ligne de vie forme un triangle avec deux petites lignes, cela signifie que l'on a un talent caché, à découvrir et à exploiter.
La comparaison entre la ligne de tête et la ligne de cœur est riche d'enseignements. La plus longue des deux révèle ce qui domine en nous : la tête ou le cœur, la réflexion ou les sentiments. Une ligne de tête longue et profonde appartient à quelqu'un de vraiment intelligent. Si elle est bien marquée et s'infléchit vers le bas, attention à bien choisir ses objectifs, à ne pas mettre son talent au service de mauvaises causes. Une ligne de cœur très marquée signifie que les sentiments qu'on éprouve, on les éprouve très fortement.
Une ligne de chance continue et profonde annonce succès et popularité. Si elle s'arrête à la ligne de tête, c'est que l'on a tendance à réfléchir trop longtemps avant de saisir les occasions. Si elle s'arrête à la ligne de cœur, c'est que l'émotivité empêche de profiter de la chance qui s'offre à vous.
La ligne ou les lignes de mariage (car il peut y en avoir plusieurs) ne disent pas combien de fois on se mariera, mais combien de fois on aimera vraiment. Un mont de Vénus plein et charnu est signe de bon cœur et de solide amitié. Un mont de la Lune bien développé appartient à une personne débordante d'imagination et de sens pratique.
Enfin, la présence d'un triangle sur le mont de la Lune signifie qu'on a peut-être à faire à un médium.
À ta place, je regarderais ma main d'un peu plus près…

UN DERNIER MOT

Voilà. Vous avez tenu bon, toi, gentille lectrice, ou toi, gentil lecteur. Vous êtes arrivés au bout de mon livre. Vous avez lu beaucoup de choses, et pas seulement sur les magiciens. Vous avez déjà fabriqué nombre d'objets parmi ceux que je vous ai proposés.
Et vous vous demandez ce que le vieux bonhomme peut encore avoir à vous dire. Eh bien, écoutez-moi encore un peu. J'espère que vous êtes fiers de ce que vous avez déjà réussi à faire par vous-mêmes. J'espère que mes histoires de magicien vous ont appris quelque chose et vous ont aussi fait rire. J'aimerais aussi que vous n'ayez pas pu vous empêcher d'avoir un petit frisson, de temps en temps. On apprécie encore mieux les bons côtés de la vie quand on sait ce qui peut la menacer.
S'il faut vous donner un dernier conseil, c'est: ayez confiance en vous! Tous les garçons, toutes les filles du monde ont des richesses, des talents que parfois ils ignorent. N'oubliez jamais que vous aussi vous avez des richesses et des talents; faites-en profiter vos amis, vos parents, vos frères et vos sœurs. Et vous-mêmes.
Je surveillerai vos progrès. De loin. D'un endroit inaccessible aux mortels. Et, qui sait? je reviendrai peut-être jeter un coup d'œil ici-bas, de temps en temps, discrètement. Si vous croisez dans la rue un chat ou un moineau qui a l'air de vous regarder avec insistance, continuez votre chemin, bien sûr, mais pensez à moi...

D'UN MAGICIEN À UN AUTRE.

MOTIFS
et patrons magiques

Dessins à copier ou photocopier pour réaliser et décorer tes œuvres.

Page 53 : motif pour la boule de cristal.

Page 46 : modèle de minaret pour le tapis magique ; à agrandir d'environ 500 % pour l'adapter au tapis.

Page 120 : patrons du masque et du bec à agrandir aux dimensions de ton visage pour le masque.

Page 88 : motifs décoratifs pour ta crapaudière.

Page 135 : patron du serpent-qui-tourne ; à agrandir de 200 %

PAGE 134 : MODÈLES POUR LE CHROMATROPE ; À AGRANDIR DE 200 %.

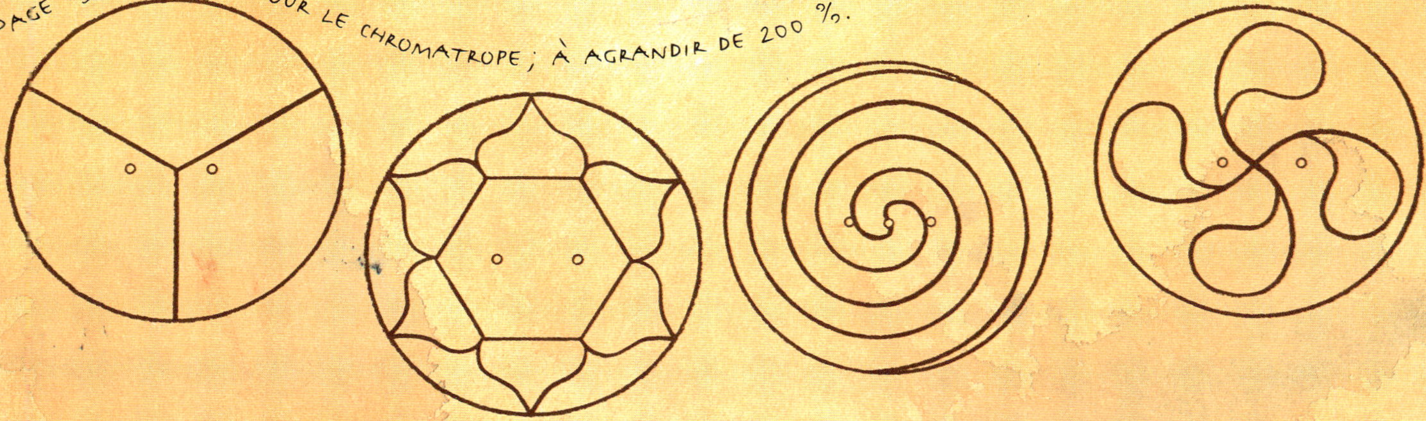

PAGE 128 : POUR LE COUVERCLE ET LES CÔTÉS DU COFFRET ; À AJUSTER AUX DIMENSIONS DE LA BOÎTE.

Sur le même thème aux éditions Fleurus

Idées jeux
Halloween et fêtes fantastiques

Les ateliers ABC
Halloween

ABC Fleurus
Le livre de la magie

Window-décor
Monstres et sorcières

Hors collection
Ma dino-fête
Ma monstro-fête